U0503313

海上絲綢之路基本文獻叢書

粵閩巡視紀略·閩略（二）

〔清〕杜臻 撰

文物出版社

圖書在版編目（CIP）數據

粵閩巡視紀略．閩略．二 /（清）杜臻撰．-- 北京：文物出版社，2022.7
（海上絲綢之路基本文獻叢書）
ISBN 978-7-5010-7668-0

Ⅰ．①粵… Ⅱ．①杜… Ⅲ．①海疆－歷史－福建－清代 Ⅳ．①K928.19

中國版本圖書館 CIP 數據核字（2022）第 087181 號

海上絲綢之路基本文獻叢書

粵閩巡視紀略·閩略（二）

撰　　者：〔清〕杜臻
策　　劃：盛世博閲（北京）文化有限責任公司

封面設計：鞏榮彪
責任編輯：劉永海
責任印製：王　芳

出版發行：文物出版社
社　　址：北京市東城區東直門内北小街 2 號樓
郵　　編：100007
網　　址：http://www.wenwu.com
經　　銷：新華書店
印　　刷：北京旺都印務有限公司
開　　本：787mm×1092mm　1/16
印　　張：16.5
版　　次：2022 年 7 月第 1 版
印　　次：2022 年 7 月第 1 次印刷
書　　號：ISBN 978-7-5010-7668-0
定　　價：98.00 圓

總緒

海上絲綢之路，一般意義上是指從秦漢至鴉片戰争前中國與世界進行政治、經濟、文化交流的海上通道，主要分爲經由黄海、東海的海路最終抵達日本列島及朝鮮半島的東海航綫和以徐聞、合浦、廣州、泉州爲起點通往東南亞及印度洋地區的南海航綫。

在中國古代文獻中，最早、最詳細記載『海上絲綢之路』航綫的是東漢班固的《漢書·地理志》，詳細記載了西漢黄門譯長率領應募者入海『齎黄金雜繒而往』之事，書中所出現的地理記載與東南亞地區相關，并與實際的地理狀況基本相符。

東漢後，中國進入魏晉南北朝長達三百多年的分裂割據時期，絲路上的交往也走向低谷。這一時期的絲路交往，以法顯的西行最爲著名。法顯作爲從陸路西行到印度，再由海路回國的第一人，根據親身經歷所寫的《佛國記》（又稱《法顯傳》）一書，詳細介紹了古代中亞和印度、巴基斯坦、斯里蘭卡等地的歷史及風土人情，是瞭解和研究海陸絲綢之路的珍貴歷史資料。

隨着隋唐的統一，中國經濟重心的南移，中國與西方交通以海路爲主，海上絲綢之路進入大發展時期。廣州成爲唐朝最大的海外貿易中心，朝廷設立市舶司，專門管理海外貿易。唐代著名的地理學家賈耽（七三〇～八〇五年）的《皇華四達記》記載了從廣州通往阿拉伯地區的海上交通『廣州通夷道』，詳述了從廣州港出發，經越南、馬來半島、蘇門答臘半島至印度、錫蘭，直至波斯灣沿岸各國的航綫及沿途地區的方位、名稱、島礁、山川、民俗等。譯經大師義净西行求法，將沿途見聞寫成著作《大唐西域求法高僧傳》，詳細記載了海上絲綢之路的發展變化，是我們瞭解絲綢之路不可多得的第一手資料。

宋代的造船技術和航海技術顯著提高，指南針廣泛應用於航海，中國商船的遠航能力大大提升。北宋徐兢的《宣和奉使高麗圖經》詳細記述了船舶製造、海洋地理和往來航綫，是研究宋代海外交通史、中朝友好關係史、中朝經濟文化交流史的重要文獻。南宋趙汝適《諸蕃志》記載，南海有五十三個國家和地區與南宋通商貿易，形成了通往日本、高麗、東南亞、印度、波斯、阿拉伯等地的『海上絲綢之路』。宋代爲了加强商貿往來，於北宋神宗元豐三年（一〇八〇年）頒佈了中國歷史上第一部海洋貿易管理條例《廣州市舶條法》，并稱爲宋代貿易管理的制度範本。

元朝在經濟上採用重商主義政策，鼓勵海外貿易，中國與歐洲的聯繫與交往非常頻繁，其中馬可·波羅、伊本·白圖泰等歐洲旅行家來到中國，留下了大量的旅行記，記録元代海上絲綢之路的盛况。元代的汪大淵兩次出海，撰寫出《島夷志略》一書，記録了二百多個國名和地名，其中不少首次見於中國著録，涉及的地理範圍東至菲律賓群島，西至非洲。這些都反映了元朝時中西經濟文化交流的豐富内容。

明、清政府先後多次實施海禁政策，海上絲綢之路的貿易逐漸衰落。但是從明永樂三年至明宣德八年的二十八年裏，鄭和率船隊七下西洋，先後到達的國家多達三十多個，在進行經貿交流的同時，也極大地促進了中外文化的交流，這些都詳見於《西洋蕃國志》《星槎勝覽》《瀛涯勝覽》等典籍中。

關於海上絲綢之路的文獻記述，除上述官員、學者、求法或傳教高僧以及旅行者的著作外，自《漢書》之後，歷代正史大都列有《地理志》《四夷傳》《西域傳》《外國傳》《蠻夷傳》《屬國傳》等篇章，加上唐宋以來衆多的典制類文獻、地方史志文獻，集中反映了歷代王朝對於周邊部族、政權以及西方世界的認識，都是關於海上絲綢之路的原始史料性文獻。

海上絲綢之路概念的形成，經歷了一個演變的過程。十九世紀七十年代德國地理學家費迪南・馮・李希霍芬（Ferdinad Von Richthofen，一八三三～一九〇五），在其《中國：親身旅行和研究成果》第三卷中首次把輸出中國絲綢的東西陸路稱爲『絲綢之路』。有『歐洲漢學泰斗』之稱的法國漢學家沙畹（Édouard Chavannes，一八六五～一九一八），在其一九〇三年著作的《西突厥史料》中提出『絲路有海陸兩道』，蘊涵了海上絲綢之路最初提法。迄今發現最早正式提出『海上絲綢之路』一詞的是日本考古學家三杉隆敏，他在一九六七年出版《中國瓷器之旅：探索海上的絲綢之路》中首次使用『海上絲綢之路』一詞；一九七九年三杉隆敏又出版了《海上絲綢之路》一書，其立意和出發點局限在東西方之間的陶瓷貿易與交流史。

二十世紀八十年代以來，在海外交通史研究中，『海上絲綢之路』一詞逐漸成爲中外學術界廣泛接受的概念。根據姚楠等人研究，饒宗頤先生是華人中最早提出『海上絲綢之路』的人，他的《海道之絲路與昆侖舶》正式提出『海上絲路』的稱謂。選堂先生評價海上絲綢之路是外交、貿易和文化交流作用的通道。此後，大陸學者馮蔚然在一九七八年編寫的《航運史話》中，使用「海上絲綢之路」一詞，這是迄今學界查到的中國大陸最早使用「海上絲綢之路」的人，更多地限於航海活動領域的考察。一九八〇年北京大學陳炎教授提出「海上絲綢之路」研究，并於一九八一年發表《略論海上絲綢之路》一文。他對海上絲綢之路的理解超越以往，且帶有濃厚的愛國主義思想。陳炎教授之後，從事研究海上絲綢之路的學者越來越多，尤其沿海港口城市向聯合國申請海上絲綢之路非物質文化遺産活動，將海上絲綢之路研究推向新高潮。另外，國家把建設「絲綢之路經濟帶」和「二十一世紀海上絲綢之路」作爲對外發展方針，將這一學術課題提升爲國家願景的高度，使海上絲綢之路形成超越學術進入政經層面的熱潮。

與海上絲綢之路學的萬千氣象相對應，海上絲綢之路文獻的整理工作仍顯滯後，遠遠跟不上突飛猛進的研究進展。二〇一八年厦門大學、中山大學等單位聯合發起「海上絲綢之路文獻集成」專案，尚在醞釀當中。我們不揣淺陋，深入調查，廣泛搜集，將有關海上絲綢之路的原始史料文獻和研究文獻，分爲風俗物産、雜史筆記、海防海事、典章檔案等六個類别，彙編成《海上絲綢之路歷史文化叢書》，於二〇二〇年影印出版。此輯面市以來，深受各大圖書館及相關研究者好評。爲讓更多的讀者親近古籍文獻，我們遴選出前編中的菁華，彙編成《海上絲綢之路基本文獻叢書》，以單行本影印出版，以饗讀者，以期爲讀者展現出一幅幅中外經濟文化交流的精美畫卷，爲海上絲綢之路的研究提供歷史借鑒，爲『二十一世紀海上絲綢之路』倡議構想的實踐做好歷史的詮釋和注脚，從而達到『以史爲鑒』『古爲今用』的目的。

凡例

一、本編注重史料的珍稀性，從《海上絲綢之路歷史文化叢書》中遴選出菁華，擬出版百册單行本。

二、本編所選之文獻，其編纂的年代下限至一九四九年。

三、本編排序無嚴格定式，所選之文獻篇幅以二百餘頁爲宜，以便讀者閱讀使用。

四、本編所選文獻，每種前皆注明版本、著者。

五、本編文獻皆爲影印，原始文本掃描之後經過修復處理，仍存原式，少數文獻由於原始底本欠佳，略有模糊之處，不影響閱讀使用。

六、本編原始底本非一時一地之出版物，原書裝幀、開本多有不同，本書彙編之後，統一爲十六開右翻本。

目録

粤閩巡視紀略·閩略（二）

粤闽巡视纪略·闽略（二）

粤閩巡視紀略·閩略（二）

閩卷下至附紀澎湖臺灣一卷

〔清〕杜臻 撰

清康熙經緯堂刻本

粵閩巡視紀畧

經筵講官工部尚書臣杜臻述

癸酉行三十里至洛陽橋又三十里過惠安縣元年畫界自洛陽橋歷石任寨下金山下曾山文筆山梆庄溪石寨丘戶村至九峯寨爲惠安邊邊界以外斗入海四十里黃崎灣三十里崇安所峯尾二十里白沙獺窟十五里橫頭澳皆移共豁田地一千九百九頃有奇於石任諸處因界設守八年展界

安兵十八處石任五十名白沙尾十名烏石山
十名埔塘把總一兵七十名獅捲
山十名岜鼓山十名古樓山守備一兵一百二
十名雞母山十名東吳埔十名許山十名承天
山十名陳坑山把總一兵一百名後張山十名
龍田山千總一兵一百名白井山十名前塗山
十名九峯十
名南莊十名今從惠安營撥守七汛崇武所千
總一兵四十名小岞把總一兵三十名獺窟二
十名黃崎澳二十名輞川十名峯尾澳三十名
沙格澳二十名候閱定
宋朝會要云太平興國六年析晉江地置惠安

縣於螺山之陽其地故爲三國吳將張梱墓徙之青山而置署焉今縣庫即梱葬處也有古縣基在龍窟嶺而眞如溪發源橫溪東至龍田又南至古縣入漈崎港今龍田古縣皆置戍此縣治不知何代所置

石船山在洛陽江北山頂有奇石如船明邑令葉春有詩云石船高駕碧山頭似畏風波急暮流十二時中平地起問君何處不堪愁又木蘭

爲櫼桂爲橈南接端明學士橋我自虛舟人不識海門風雨日瀟瀟今訛爲石任山

鳳山山形如鳳掠海濱三國吳將黃典葬其下時見靈異里人廟祀之宋淳熙間海寇犯小兆大岞忽有兵馬聲自廟出寇不敢犯一境得全紹定間聞於朝封順濟侯

樓山環繞縣治一名畱山

烏石山一名靈鷲山上有清泉石室蔡忠惠嘗

讀書於此有伏虎巖宋祥符中僧道養居於巖下與虎狎習夜寢其穴時抱虎子示人巖以此得名稍南有五公山梁時五公隱此曰唐公寶公至公化公朗公也山有石鼓似即岩鼓山蓋岩鼓當作石鼓也稍北有塗嶺以涂姓兄弟三人沒而爲神宋淳祐間賜號昭惠故名前塗之名似亦緣此也

大聖山東臨大海堪輿家謂之大象捲湖有輿

曰樂嶼在海中饒林麓之美明初徙其民入內
地獅捲山似輿相近
下曾溪源有二一出上曾溪過上田小橋一出
上范溪過上田大橋會於充口入馬山埭
陳平山唐時有堪輿家曰陳平騎牛而化瘞此
似即陳坑山
文筆山三石錯立如鼎耳舊名香爐或積石於
兩耳刻其中謂之文筆對學宮之前

九峯山在文筆山南峯有九斷續向背若蹲獸若盤螺或翼而翔或俯而伏若立而拱

輞川鎮在縣治東三十里支海中之孤嶼也縣治東面大海南爲洛陽江之支海而輞海自東盪其脅峯崎港自縣北來合之凡爲縣西北之水曰菱溪曰驛坂曰茇布曰龍津曰南坑皆滙此港峯崎山實當其衝縣之水口山也山之北有橋曰青龍宋僧道詢所建港又東入於輞海

鎮與內峯僅隔一水舊以舟渡人衆爭先數致覆溺成化間縣令張桓作橋曰輞川橋鎮民數百家以賈海爲業嘉靖間苦倭縣令陳玉成創爲城而後令蕭維美成之東西南各一門北小門二東小門一其外有竿嶼

崇武所在大岞山縣東南極境也爲二十七都地故設操屯軍千二百二十一名東面距海南對泉州之祥芝北望興化之湄洲泉之上游也

北至平海南至永寧日湖泉州港各一潮水漁
中藏北風船三十餘朱爲小兜巡簡司永樂間
邑有倭患始築城并築獺窟小岞黃崎峯尾四
城聯絡捍守於外焉嘉靖末陷於倭萬曆已未
復爲海寇所躪少北爲大岞澳可泊南風船二
十餘夏至後賊嘗伏此徂伺北來之商最稱險
要山多小石如鐵色扣之作磬聲山南有洞朗
豁可容四五百人旁一小門僅可側身入入丈

許右轉有大石當道如屏內更寬廣民避寇者多往焉又有石倚江渚齦齶如龍名龍喉山海中產龍蝦一名蝦杯一名蝦魁大者五色次者名蝦姑泉人謂之青龍最小者曰苗蝦嘗對揷之曰對蝦王世懋閩部疏曰長五尺其鬚四[illegible]長半其身睛凸出上隱起二角負介昂藏形似小龍尾吐紅子如橊花色開元遺事載其名狀云如蜈蚣尾如僧帽又生沙參歲饑居民掘之

可飽數日旁有青山卽張𣇉徙葬處相傳𣇉生時嘗屯兵是山以禦海寇改葬時得銅牌上有文曰若逢崔知縣移我上青山遂移於此虞允文拒金兵於采石見空中有大旗題曰張將軍青山人從軍者爲言𣇉事允文聞之朝賜勑封景炎間累封至靈安王

獺窟嶼在崇武南十里邑東南三十里爲二十五都地可泊北風船四十餘故設巡簡司北障

前頭山南縈覆釜歷祥芝岱嶼可入泉港寇至
舉烽內外警息嶼北有橋七百七十間潮至即
沒潮退可渡宋僧道詢所建
小岞山在大岞之西北去縣四十里亦二十七
都地故設廵簡司城立山巔四面環海特出海
上有洞可容數百人與前後皆灣澳賊氛窺覷
所時至也宋時李陳二姓居之李之先有曰文
會者宋建炎中進士歷殿中侍御史權叅知政

事陳則自侯官徙兩族皆勤儉守禮爲郡邑所矜武地產紫菜其生粘石上潮至則鬅鬙搖漾嫩者搓之成索曰索菜生時正青乾則色紫卽吳都賦所云綸組紫菜也稍西十里曰淨山一名尖山亦瞰海多怪石如水齧最高而削拔者三登之可見日旁有石竇中空洞可居今湮廢矣產朱丹石宋僧道詢生此

黃崎舊名寧崎在縣東三十里爲三十二都地

故設巡簡司高山特起三面瞰海南鄰小岞北
與峯尾隔海對峙如川而輞海貫其中至輞川
鎮一潮水商賈所集東北與湄洲南日遙相望
也崎下多礁賊舟不敢輕至滷氣所侵草木不
茂土色微黃故名黃崎又以勢如立旆故名揚
旗地產鐵宋置鐵鑪

峯尾澳葢峯崎之尾也故有巡簡司北障沙
格南距黃崎與興化之吉了湄洲相犄角賊

船多泊於此巡兵番汛焉自左支一潮入於

楓亭

是日又行五十里止僊遊之楓亭驛

興化府屬縣二一皆臨海曰僊遊曰莆田莆田附郭元年畫界自九峯寨歷楓亭驛梅嶺至壺公山尾爲僊遊邊邊界以外附海二十里東沙十里厝頭三里陡門皆移共豁田地八十一頃有奇八年展界安兵三處楓亭寨把總一兵二百

二十名塔頭十名東沙十名今不設守候閲定
唐嗣聖間設清源縣於大飛山南天寶間別爲
趙順正謂縣名同郡爲非是奏改儒遊以其地
有何氏九儒遺蹟故也宋紹興間始築城峯尾
莆禧之間海支内入仙遊當支之窮處其海中
有小嶼故設巡簡司嘉靖間以邑之白嶺嶺多
盜移巡司以防之東沙諸境即小嶼内濱海地
也

楓亭驛在錦屏山下有楓亭市亦以九儒得名九仙豫章人生漢景帝時兄弟九人皆盲獨長者有一目父曰何翁與淮南王遊九仙勸父俱隱不從遂相與入閩初居福州于山已而遊莆至西州謁胡道人飲以所居井泉九人眼盡開乃西行六十里結楓爲亭以居此地所由名也後又入九鯉湖湖在山之東重山疊巘怪石交列湖底皆石石各有穴環屈相通深處不可測

九鯉潛其間九人煉丹湖上鯉餌其餘鱗鬣皆成朱色昂首噴沫湖水爲溢勢欲飛舉九人各乘其一以上昇旁有九漈曰雷轟曰瀑布曰珠簾曰玉筯曰石門曰五星曰飛鳳曰棊盤曰將軍皆名勝也楓亭溪溪源出阜洋合吳坑赤湖蕉溪諸水滙爲沙溪至太平港有溪海會流石刻蔡君謨筆也港之南有陳洪進故居

壺公山一曰壺山接莆田境九域志云昔有隱

者遇老人邀至絶頂見臺殿宮室非人間老人曰此壺中日月也後乃因以名山前志云有陳壺者隱此得仙故名或曰乃陳胡二仙胡即九仙之師也莆西有靈潭廟井泉猶在即胡仙爲九仙寮眼處今其地猶有陳胡里云山高千餘仞方鋭如圭首峙立如展旗有真淨巖登之所眺一郡諸山又有虎丘巖宋徐思仁云凡山居以怪石奇峯走泉深潭老木嘉草新花視遠爲

勝獨壺公虎丘巖能兼之又有靈雲南泉竹峯諸巖及堯花洞蘸月池盤陀石法流泉濯纓沿石壁峯碧溪灣又有蟹井泉出石穴中其脈通海覘潮盈縮中有雙蟹每旱禱雨以茅葉引置缶中迎歸即雨宋彭乘墨客揮犀云壺山有栢一株長數尺半化爲石蔡君謨見而異之徙置私第山爲一郡之鎮朱晦翁過此指謂人曰莆中人物之盛乃此公作怪自蔡君謨與水利灌

民田引水遠壺公山自是科第視前益多元郭
完隱此與方時舉二十二人結壺山文會有集
行世有龍潭在壺山之西弘治志云元時有范
氏養馬潭邊馬與龍交而生龍馬事聞於朝詔
取之馬至大義鎮念母一馳即歸范氏爲其所
苦因殺之
甲戌行六十里至興化府又四十里止江口寨自
寨東行二里即內海也

元年畫界自壺公山尾歷壺公山首天馬山凊浦村勝塔
至江口爲莆田邊邊界以外斗入海六十里莆
禧所吉廖五十里平海衞附海十五里南酒林
十里下尾三里東雲及江口勝塔兩岸海灣之
村若勾上上皇港東珠浪等皆移共豁田地四
千四百三十頃有奇於勝塔等處因界設守八
年展界安兵二十一處東港山十名東雲十名白沙千總一兵二百名
鴆頭山十名陳店山十名後架把總一兵九十
名陳墓守備一兵一百八十名忽石山十名馬

山十名天馬山把總一兵九十名鄒會徐十名惠洋十名五龍十名東華十名海濱十名寧海橋千總一兵二百十名白墓把總一兵一百四十名張井十名鹽塲十名岸勝五十名周堤尾十名江口橋把總一兵九十名今從興化營撥守十七汛涵江平海衛一百名青山把總一兵七十名嵌頭五十名美瀾三十名寧海橋千總一兵四十八名東華二十一名百美寨把總一兵七十名岸勝寨把總一兵六十四名南埕八名白墓八名張井八名東蔡寨兵四十一名後郭五名馬峯六十名忠門汛千總一兵一百名莆禧所六十名吉寥寨把總一兵六十五名候閱定

宋乾德二年置平海軍於清源郡即今仙遊縣

地也其地有游洋洞多盜賊太宗置興化縣以治之壽又改興化軍遊洋在仙遊縣之興泰里至今俗稱舊縣閩書以為即平海衞者誤也太平興國八年徙軍治於莆田縣洪武元年改為興化府莆田以地產瑞蒲而名後乃去水為莆陳天嘉二年章昭達敗陳寶應於莆口即其地也隋開皇九年始置莆田縣唐嗣聖間析莆田置清源郡府治既徙仍以莆田為附郭縣云

天馬山卽塔山在莆田里一名文峯巖巖下有伏龍穴明御史朱淛居之有天馬賦序云壺公東分一支屛翰海上列爲五侯復折而西行隱見起伏且數十里結爲文峯端偉秀拔飛動不居有天馬行空之勢故名賦云越嶺徼破閩荒望莆口過游洋挈入壺之右派迤五侯於上着靡然東馳忽焉西顧挹轂城之仙風愛沙堤之烟樹擷錦園之芳蘂擢銀塘之橫素島嶼明滅

滄桑朝暮東五里爲城山亦曰黃石山下有黃石市山形如楂笏蓋卽所謂忽石山也本名國淸山又訛爲榖城山五侯山正視之五峯側視之兩峯自郡城視之三峯故又名雙鬟亦名筆架也迤邐入海爲持久山海中突起二嶼一青色曰青嶼一赤色曰赤嶼皆如覆釜

白沙溪在新興里發源鐵嶺白雲鼓角諸山至大山西合流北行與大溪合白雲山在南白沙

之南鼓角又在其東北觀如鼓南觀如角北行爲九龍潭山分九支曰九龍山葢與鼓角爲一山也南望卽大海

東雲葢東陳之訛也其地有浮山在靈川里近海下有東沙村地連仙遊唐長史陳珽居其東曰東陳元陳紹叔居其西曰西陳

五龍廟在常泰里入瀨溪上亦曰碧瀨又名鼇瀨昔有黑白二龍現故作廟祀之地多奇石秀

膩巧琢如青玉或中裂一罅如甬巷或平展如田或鉼入如車軌或陷下如履武跡涔捫而行拂以臥淨滑可喜蓋皆海水盪潏而成也瀑穿崖隙滙爲潭蜿蜒澄泓駭視沁骨土人侈爲奇勝云

海濱地名有嵩山上有嵩山院院後石壁苔紋成文筆峯三字剗去復存其旁海中有小嶼潮退有石橋可度居民千餘家唐觀察使柳冕監

羣牧於此有德於民建廟祀之曰柳侯廟宋余謙一作記俗呼爲侯嶼後遂訛爲猴嶼閩書曰即仙遊之小嶼也

惠洋疑即龜洋其地有龜山在文賦里唐末僧無了居之有六脚巨龜足躡四龜如俯仰作禮者三遂卓錫焉因名其地曰龜洋無了閩封眞寂大師塔曰靈覺

東華溪在連江里石貫其底旁有東華村唐梅

妃村中人也姓江氏九歲能誦二南詩父仲遜奇之因名采蘋開元中高力士使閩選進明皇一見寵幸性喜梅因號之曰梅妃爲楊妃所妒遷於上陽東宮作樓東賦以寓意一日上封珍珠一斛賜妃妃不受以詩付使者曰桂葉雙眉久不描殘粧和淚涴紅綃長門自是無梳洗何必珍珠慰寂寥上覽詩悵然令樂府度爲新聲號一斛珠明隆慶五年有二龍起海中擁水高

丈餘闊數丈長亘野聲若崩山其一飛升天半長數十丈準角崢嶸身若水牯色正白鱗鬣蠕動歷歷可數忽有片雲正黑從西北來龍乘之以升遂不復見其一浮游田禾之末北渡洋水田中水旋卷隨之至白石崛中水躍數丈西北行經東庭至東華之忘饑亭埔下而入於潭所過雲氣噴薄聲若雷霆而草樹不損片葉焉僉事余一鵬爲之記

遮浪村在連江里疏作東珠浪語訛也有大孤嶼小孤嶼大孤嶼者海中有大石突起亦曰大龜嶼嶼東有石盤上有巨人武

黃巷山在延壽里疏作上皇港傳訛也地產荔枝名火山五月先熟爲莆之冠唐校書黃璞與從弟滔移居於此黃巢寇閩所過焚蕩至此戒其下曰儒者家也滅炬而過滔有寄璞詩云縱徵終不起相與避烟塵待到中興日同看上國

春新詩說人盡舊宅落花頻移覓深山住猿啼作四鄰正字徐寅有黃校書閒居詩云取得驪龍第四珠退依僧寺卜幽居青山入眼不干祿白髮滿頭猶著書東澗野香添碧沼南園夜雨長秋蔬月明掃石吟詩坐諱却都無擔石儲山名黃卷以此蓋訛爲黃巷久矣疏又訛黃爲皇也

寧海橋在連江里支海自下黃竿入三江口經

遮浪大小孤嶼而入兩涯洪闊北涯舊寧海鎮鎮前有渡元元統中僧越浦爲橋曰寧海明徐敬則僧湘江重新之更入爲白湖一名玉湖土人用讖言作橋以斷水鄭叔僑詩云結駟頻過黃石市連艘欲斷白湖腰謂此也舊有堤俗名白水塘其側有靈惠井環境皆斥鹵此獨甘洌江口橋在待賢里支海自三江口又入接迎仙港迎仙溪合荻蘆桃源白石諸水東流至此而

與海會也其地江勢最闊有盤石突起江心民居集焉於此作橋名江口橋一曰龍津橋一曰尚陽橋橋之南屬莆田北則福清境也其旁迎仙巡司在府治東北四十里前臨海後負江口橋地饒民聚商賈所湊相傳其上更有迎仙橋爲宋僧祖遜所建今地有子魚潭亦名小姑潭宋志子魚惟迎仙橋東小姑潭所出爲最但少通三印者建安嚴子翼藝苑雌黃云通印長魚

古人以爲食珍言其大可容印王荊公詩長魚俎上通三印之句而子瞻亦以通印子魚對披綿黄雀皆用此意王彦輔麈史云子魚長七八寸闊二三寸出通應港者佳蓋港上有通應廟因以名港耳後人訛爲通印見之題詠不足據也閩書則又云絶無通應港及廟妄人詭飾社祠顔以通應至今存焉港水下流曰錦江即江口有溫湯池漢時胡道人者煉藥於此藥成有

神人告之曰非太上之藥也不足以度世道人棄丹於池池水遂溫相傳浴之可以益壽

吉了寨巡簡司有城在新安里宋曰擊蓼距郡城八十里前控南綱右引小嶼左帶湄洲內通楓亭諸處外至莆禧一潮水其城枕海涘巨浪衝嚙歲費修築下有東西二澳內泊南北風船二百餘隻東有吉了水寨南日寨及湄洲遊總向來移駐於此有華胥山或云吉了者猶言極

了罰莆地至此而極乃復崫起爲是山與湄洲隔海相望時見蜃氣成樓臺也居民甚稠以賈海爲業歲出海不下千艘倭寇每於南麂礵臺狙伺之或分其所獲給票而遣行或并船奪之姦民外苦倭掠內虞巡兵然以徼利故往往走死如騖或竟習爲不軌使帆輕捷逐之殊難也吉了之船釣槽夾底最利深洋用以巡邏最便莆禧所故設旗軍千二百二十一名在湄洲之

西北平海之西南爲興化東南藩蔽三面阻海頗稱險阨澳内藏北風船三十餘自莆至中門爲地極處一線僅通左支自賢良港而出吉了散爲東湖西亭諸山右支自金沙鋪而東出莆禧散爲文甲山柄諸山中門疏作忠門賢良港在所城前有山巵然如象本名黃螺港美其名曰賢良焉文甲山一名門夾山以兩山相夾如門故山柄墩城北澳也亦曰後山柄可泊南風

船五十餘其民習海勇鬬而約結甚固嘉靖壬戌寇陷郡衛獨所城得全南至平海北大咋各半潮水

嵌頭巡檢司在郡城東九十里城在石崖之嵌漁農數百戶雜居其址介山海間賈舶寇船來往雜沓頗難稽詰

平海衛在府治東九十里屬武盛里閩海實錄作八十里孤懸海外三面臨淵惟西北一路可通莆陽之

藩蔽也洪武間周江夏置衛築城有旗軍五千五百十六名設學地有石獅九跳鳳石諸山衛前小澳四面皆石有石鼓石鑼孤峙磧土鼓周三丈鑼差小扣之各如其聲又有大泉在城東二里自石罅湧出澳中可泊北風船百餘東一嶼浮海曰鸕鷀嶼（閩海實錄作鸕鶿嶼）可泊南風船二十餘又有進嶼進嶼兩島如門洋船所出入也門之中及嶼之西南皆有沉水礁過者戒心焉嘉

靖四十一年壬戌郡城衞連陷於倭先是歙人王直入日本糾薩摩州倭以入寇賈人子徐海亦集衆從之寇擾江浙數歲嘉靖三十四年冬犯莆田及鎮海鎮東諸衞泉州指揮童乾震拒戰死之此閩中被倭之始也已而賊復犯浙應天巡撫胡宗憲用間殺海復計誘直誅之宗憲以功擢右都御史兵部侍郎加太子太保而直之餘黨毛烈即尚據浙之舟山巢柯梅閩浙諸

境歲有寇患而閩中失亾尤多巡撫阮鶚坐罷
三十七年烈知自柯梅徙泉之浯嶼入南澳搆
巢以居於是與漳泉三郡無地非寇三十九年
破永定城又破寧德縣殺叅將王夢麟知縣李
堯卿奸民導賊發巨姓塜墓質其棺以索贖諸
將冐功飾敗賊益枝蔓浙江叅將戚繼光奉檄
來援賊方據寧德之横嶼阻水爲營繼光塡河
以進斬二千餘級生獲九百人連破六十餘營

賊少靖矣迨繼光返浙而賊又熾四十一年新倭大至犯福清羅源連江殺遊擊倪祿十一月遂犯興化郡城郡故饒裕賊艷慕已久至是乘高急攻盡得城中虛實木蘭陂水注城中甕浣仰給賊徒其源民無所得水大困會總兵劉顯來援衣甲俱刺天兵字賊邏得齎書者八人殺之而衣其衣以入守者勿覺也夜半斬關納寇城遂陷同知奚世亮死之焚掠搜牢火經旬不

滅盤踞兩月見城中腐骸山積腥穢不可居遂去之平海乘不備急攻又下之事聞上震怒罷巡撫游震得以參政譚綸爲僉都御史代之更調廣帥俞大猷浙帥戚繼光協力討賊興化之初陷也巡撫震得檄指揮歐陽深挈所部降盜謝愛夫等駐瀨溪以防其侵軼深泉州人也子模己未進士深以貲豪里中慷慨好施人懷其惠會寇難糾衆保聚愛夫故助倭發塚深先墓

亦與焉深遂牵衆攻愛夫愛夫驍銳多黨翼號
謝半番聞深至而憚之遂聽撫至是深牵半番
追倭於平海之蘇塘中槊死半番褁其屍而還
時爲四十二年之五月也是時戰死者又有在
籍總兵鄧城泉州衛鎮撫白艮玉事聞深世襲
指揮艮玉子准署指揮同知廵撫綸至用總兵
俞大猷議分其軍爲各萬人總兵劉顯攻其北
浙總兵戚繼光攻其東而大猷當其南又令二

叅戎以舟師截水道四月倭將道把總許朝光率輕舸邀之不得出居亾何諸將四面雲合壓之崎頭倭殲焉衞有忠勇祠二祠本衞千戸丘珍葉巨卿皆勦倭陣亾者

涵江有涵頭舖宋學士鄭頤吉居之與文文山相友善爲書新有社三字有涵江書院在郡城東北二十里唐貞元間宣聖四十一代孫孔佾艮徙居此宋紹興乙亥朱文公常過其家見其

裔孫宜去孔子四十九世矣有唐告身七通及家牒猶存爲告守臣傅自得令兵鐸更其版籍淳祐中知軍楊棟同涵江鎮官鄭雄飛作書院并夫子廟理宗御書涵江書院四大字以賜之元設山長以五十三世孫敬山充之子孫世襲至明始罷

青山巡簡司在郡東九十里三面阻海南日山峙其南不及五十里莆門戸也產相思石亦曰

雌雄石狀如杏仁而白擘之兩瓣腹有紋置盤中沃以醯則石瓣離立相對俄合爲一矣有大蚶山志稱昔有物自海浮至輪囷如瓦屋蓋蚶也上人作廟祀之因以名山上有大動石小動石石船石獸之屬舊志上有岩洞十里之內木草皆香旁有蚶田百頃南至崎頭二里許有羅隱廟相傳常有巨木數百章自海浮至盡鐫羅字鏟之愈明土人獲而異之逾日見有神人峩

冠黃袍曰我羅仙也言訖不見於是立廟以祀
海商祈風能分帆南北南唐封廣濟王有蔡山
壺山之分壠也今置戍
演嶼與蛸山相近宋少帝舟船大峽江爲元兵
所逼忽有白馬神爲演一嶼一蔽帝舟遂免石
刻猶存
南日山在青山之東大海中與琉球相望舊名
南匿唐翁承贊有泊船南匿遥望竹嘯舊山詩

週百餘里閩書環輿二十里舊有居民中湧淡水冦常
汲於此明初置寨曰南日寨設戰艦四十六兵
八百七十六名成化末徙吉了居民無所依相
率內徙其山遂空山之東北澳曰東滬泊北風
船四十餘最當賊衝其西南曰西寨泊南北風
船四十餘北連一嶼曰小南日周七里不可泊
船北澳曰燕內可泊南風小船十餘又有大小
鼊山在海中自外小嶼鱗次惡礁甚多曰十八

門皆賊藪也北至東甲南至烏坵各一潮水北
嶼小埕寨會哨於南茭南嶼浯嶼寨會哨於湄
洲
崎頭北望南日在青山之西澳內可泊北風船
百餘但苦潮退膠淺大船不可泊東北澳曰泥
滬可泊北風船三十餘東北洋中一小島曰三
蓬嶼北至龍王宮南至東海各一潮水
冲沁巡簡司在郡治東六十里三面阻海與崎

頭三江澳港相接即山爲城下多村落海上烽起則斂民入手其民歲販飴糖稻麥浮溫台泉潮爲利

湄洲一名鰤山居大海中周八十餘里在崇武之東北平海之東南距郡城八十里爲莆禧吉了門戶與琉球相望故有居民洪武間徙而墟之山有甘水茂草野馬驢騾孳產蕃息驟逐之不可得有勢家居之以爲利寇舟常就汲焉隆

慶初設把總一員戰艦二十三遊兵五百二十八名以守之後裁改設標遊西爲蠔仔埕泊南風船二十餘東南爲金沙澳可泊大船五十餘文甲門商漁所必經賊常於此候刦外爲深澳水深多網桂賊船所聚也北至平海南至崇武各半潮水大岞小岞其汎地也有順濟天妃廟妃姓林氏父曰愿閩王時爲都巡檢土人也妃初生地變紫色長而靈異能履席渡海往來諸

島間人呼神女或曰龍女一日方織據機假寐終日乃覺母詢其故曰父有厄往救之耳未之信也有頃父至言涉海遇颶風幾危忽見有神女擁輜軿幡蓋現空中而風遂息僅乃得免母始異之而土人緣此益知其非常人矣在室三十年至宋雍熙四年無疾奄逝妃既没土人時見其衣朱衣履浮槎出没巨浪中身有光又數見夢於父老遂作廟以祠名其墩曰聖墩宣和

中給事路見迪使高麗遇風以妃見於舟得濟使歸以聞因賜順濟之號其後屢著靈異元明間皆有翊護海運之跡累加勅封益尊稱至十字永樂初中官鄭和使西洋又見光怪成祖命有司新其廟遣官致祭妃之顯靈幻奇不一或見紅燈自空墜或見彩蝶繞檣飛成化中給事陳詢使日本嘉靖中給事陳侃使琉球皆有所見云今頻海郡縣往往有祠每冊封外藩必致

祭賈船事之尤嚴也湄洲之廟至今宏麗每歲月耕民夫婦畢出常以襁褓褁兒置神座下竟日不顧兒終不啼若或撫之者三産黑白摶石可爲碁子宋林光朝與林蕎仲書云海中一山名湄洲隔岸視之約五七里乃合兩山蜿蜒之狀有田數十可耕而食魚鹽饒美築室讀書可以忘世惟某知之也此島自唐以來居民稠密洪武徙後時復闌出葢以承平不之禁今猶如

故云

烏坵山周二十里在平海東洋中二山相連北

曰大坵泊北風船三十餘南曰小坵泊南風船

二十餘水深二十五托澳外水深三十托用坤

申針二更至湄洲山日本塘船東番歸棹皆泊

此取水候風蓋賊藪也係中路哨探汛地

乙亥自江口驛過蒜嶺行八十里至福清縣自縣

東北行十里至鍾山登其巔望海壇山鎮東衛諸

處薄暮而返

省城福州府屬縣七閩縣附郭附海者五曰福清曰長樂曰閩縣曰連江曰羅源元年畫界自江口橋歷仙嶺蒜嶺驛綿亭嶺漁溪鋪玻璃嶺松樹嶺著霞嶺錦屏松潭山牛宅村里美至定軍山爲福清邊界以外斗入海八十里萬安所七十里牛頭寨五十里澤朗寨四十里松下拾里鎮東衛附海五里海口橋上逕鎮二里硋竈俱移共豁田地四千六百三十四

頂有奇於海口橋東大石漁溪鋪蒜嶺驛因界設守八年展界安兵十七處峯頭把總一兵六十名雙嶼二十名旗山二十名蒜嶺把總一兵六十名棉亭山二十名九龍山後千總一兵一百八十名西嶺三十名松樹嶺二十名葫蘆山把總一兵五十名杞店千總一兵一百三十名松潭二十名鎮東衛遊擊一守備一把總二兵四百五十名麒麟山二十名山下把總一兵五十名風水山十名定軍山二十名今從蒜嶺營撥守一汛峯頭把總一兵五十名福清營撥守二汛候閱定

福清立縣始於唐初名萬安改名福唐後唐莊

宗始改福清其東南隅皆海也故遷界自西南以抵於東北自江口橋五里至仙嶺又五里下埔又五里蒜嶺又五里棉亭又五里蘇陰又十里漁溪皆自南而北由此折而東行十三里玻璃寨又十里洋尾又二十里至縣南門又二十里海口橋折而北四里牛宅村又十里里美又十六里定軍山接長樂境蒜嶺之外有筱竈村有余坑山有旗山雙嶼有峯頭寨及江陰壁頭

漁溪之外有九龍山玻璃嶺之外有逕上里皆邑西南附海界外地也自邑南門渡江至錦屏山南行二十里杞店十里牛田場二十里三山路岐分爲五一西行十五里至薛店一西南行三十里至牛頭寨一東南詰屈行六十里至萬安所一東行稍南二十里至白鶴寨一正東行二十里澤郎司皆邑東南界外地也自海口橋循江而東一里至鎮東衞自里美折而東行過

麒麟山四十里至松下爲邑東界外地凡各路歧分之間皆有支海內入故遷移獨多

蒜嶺以山形如蒜而得名在光賢里上設驛有照海亭登之東望大海無際又有漆林書院唐翁承贊兄弟讀書於此故山曰草堂里曰光賢皆以是故也嶺有古碑鐫石馬泉三字草堂山有小瀑布壇高數十丈承贊乾寧間進士也嘗以右拾遺奉詔冊王審知爲瑯琊王假金紫以

行梁開平中又爲閩王冊禮使黃滔贈以詩有衣錦還鄉翻是客廻車謁帝却爲歸之句承贇遂畱相審知卒葬於崇安子孫代有顯者

余坑山在光賢里之唐與下有昭靈廟相傳漢有趙昇者事張道陵得仙隱居鳴鶴山下常乘鐵船抵浮山又跨巨鹿憇磐石上今舟痕鹿跡尚存鹿跡長尺有二寸每六月村民聚祠炎暑酒善敗俗嘗罷釀獨此地有北風旬日號釀酒

風又有盧焦石高數丈海濤嗽激爲龜岩之狀或採爲池亭玩必致譴怪

江陰山在蒜嶺之東三江之北興化之北面關鑰也東爲壁頭廵司北爲牛頭廵司南爲崎頭東北一嶼浮海曰野馬山可寄北風船五六隻東爲大麥洋入莆門戶也其地又名雙嶼以二山突起海中故名中有古井甘冽可以濟旱蔡道人岩及百年洞又呼仙嶼

白與又名陳山絕頂曰鴻休岩岩實天成下瞰
滄海浩無涯涘以僧鴻休居此故名其西又有
鳥窠岩鳥窠禪師居之卽杭州守白居易所參
請者也

蘇溪出莆田而通横山潭入海

漁溪上有昭應廟祀虞雄閩牙將也戰歿於此

迳江有二一出故興化縣金支大潭合漁溪爲
迳港一出黄蘗山北過鐵場邊與迳港合流水

之南有逕上鎮今置戍其水過棉亭東抵烏嶼門又南至雙嶼岐而爲二東出白嶼西出後嶼合於昭應廟前會迎仙港入海

蒼霞山在新豐里

牛田鎮民居甚稠其東有閩讀山爲唐水部陳燦讀書處上有過雲碣潛公室講經臺獅子跡其西有福廬山在時和里明相葉向高所闢也由三天門入至石芝亭爲相國書堂石芝者平

地拔起高可二丈餘莖細而首折爲華蓋之形有躡雲徑石磴四五折入岩腹天光斜影尺二百餘級穿一竇以出有古榕樹輪囷秀潤旁有臺曰榕臺立岡頂俯眺海曲浦溆歷歷如指掌稍降有兩石夾峙中露天光類武夷一線天人行峽中得旁穿以出乃入異香洞可容百人洞初開時異香經時不散因以名遵峽而行爲飲虹磵泉自竇中出如鳴珂珮又穿穹巖而上入

雲關有古仙鷹磚二一岩天門外有石闕俗呼棨
天柱自上俯視始見其直如引繩凡四十五尺
自福盧西行二里許曰靈岩有寺在嵌岩中大
石迫岩傍作峽兩松樹生峽半根爲石所齧頂
作羽葆以自蔽岩之左有靈湫墜澗湫所來處
數石磵相連逶迤巉刻皆泉溜所撞擊而成者
也寺之前後亦皆松林意卽所謂松潭也牛田
場有鹽課司地在澤朗之北鎮東之南福淸之

藩薇也其東有東營山新圖作東壁山在海中嘉靖辛酉壬戌倭艅盤踞於此聯營二十餘里將攻福清戚少保以火器破之始遁去

澤朗巡簡司在化北里有嘉福寺隨時掠琉球五千戶居此萬安所城在平南里臨大海明初江夏侯建設旗軍千四百九十九名北望海壇南望南日內扞鎮東東洋要衝也城內有萬壽塔可以遠眺澳內可泊南風船數十北有大丘

寨又北爲東金山高峻可以遠望居民以海爲業蹈險如鶩頗難防禁折而西曰蓮盤北曰沙塢皆商船必徑之地並可泊船其外有草嶼塘嶼及南匿嶼之屬南匿產鹽差淡塘嶼一名大姨山其地多風不宜樹日未出東向極目有黛色一點微露水面爲小琉球國每風暴漁舟輒爲所漂一晝夜至其國水深碧東流不返莎蔓錯織不容轉柁漂者必至而後巳其國人得之

以藤貫踵課之耕作蓋其國刳木爲盂乃能周旋莎蔓間非內地之舟可涉也相傳大姨山夜不舉火懼彼國人望見而至也

亰甲山在萬安之東三島相連大小斷續上有大王宮澳內可泊北風船數十萬安居民多採捕於此臨萬壽塔望之隱隱可見賊自海東來多竄於此明時防剿嘗以二鼓發舟雞鳴而至蓋慮賊望見吾舟而遁去必乘夜掩襲之也乃

萬安港口有一沉水礁而草嶼貓尾以至東甲澳口往往有惡礁非久習海道者不能辨以故巡剿之舟不敢輕出惟嚴沿海之保甲以絕勾引勤哨邏以防窺軼斯爲勝籌耳

海口橋一名渤澥橋去縣二十里在海口江上跨方民仁壽二里宋里人林遷募建有海口鎮屬方民里明嘉靖三十四年倭寇至民多死御史吉澄請發帑金七千七百兩賑之民請以是

築城其後島夷屢犯以有城可守得全即今寨城是也其江出於故興化縣界流爲百丈溪至金應鋪爲無患溪東流二十里合石陛溪至水陸寺合東溪經縣之阿頭瀦爲琵琶洋十餘里入海又有龍江源於龍首山初名螺江閩書作螺文江宋林栗改今名至海口橋而合於江橋畔有林夫人廟規制不甚大而靈異素著舶商入海必禱之鎮城東北有龍山一名瑞峯寺在山顛浮

居七層可觀日出西麓有紅蓮閣疎野堂里人章氏所建下有敉粔潭南麓有草堂宋林光朝故居也自海口西行三里有網山宋林亦之讀書處學者號爲網山先生自海口南行二里曰瑞岩高數百仞有天台玉虛香山諸洞一滴泉鑑池紫霄亭休休廬諸勝絕頂石泉大如箕應潮汐號通海井龍江上有龍江書院中祀孔子旁爲三賢堂祀宋林光朝林亦之陳藻

鎮東衞城明初周江夏所築設旗軍八千六百八十七名以其在海口鎮之東故名有倉局教塲規制畧備明世開有總兵春秋二汛駐於城之東門又設土浙兵二營以守之衞東南有朱文公祠西南有鎮山菴又有都督戚繼光祠嘉靖壬戌倭寇萬餘圍困數月指揮秦經哭圍請救俞劉戚三師兵至始解報功之祠所由作也城中人文蔚聚商賈四集號爲饒美外爲鹽與

嶼外水淺非潮滿不可入城之東有烽火山有警舉燧於此山頂嵌岩其狀如屋凡三十六間名曰虎屋宋林亦之詩云與來走上烽火山著足不定秋風寒四邊黃茅滑如雨低頭俯看毛髮豎幾年欲到紫菜鄉大練小練及東墻如今一時在眼傍白雲流水天茫茫酒闌更欲弔虎屋無端日色相催促一奴魋髻一跛足逐我下山如野鹿其傍又有鹿角山巨石上仙篆數字

人莫能識大練小練在東海中二島相去十里許無風踰月不可度大練有居民數十家可泊北風船八十餘但苦水淺不宜輕泊小練之山周十里多喬木無居人五代盧皓林甲避地居此而林氏世以文顯

海壇山在縣東南大海中以山形如壇得名或曰其上有嵐氣往來又名東嵐山横狹而從廣周可三日行控連諸島度可七八百里唐爲牧

馬地泰清中始有寺宇宋初置牧監後以鷙悍不齊罷皇祐中許漁民耕墾淳熙中有戶三千元戶滿四萬邑得以陞州者以海壇諸里佐之也其山曰黃崎曰紫闌曰牧上曰砦頭曰坑頭曰大小鰲瀾其水有三十六派湖亦名三十六脚湖峯巒環遶如畫湖水瀅碧產蓮瀕河沙輭能沒人中有龍窟相傳元庚申歲龍出與馬交而生駒毛鬣異文以貢於朝日行千里二三年

後大雨雹湖忽自決與海相連云近塢有大小塢及錢藏皆爲泊船澳東方最高者曰軍山王氏謫戍多居此間其旁島曰逡門曰獺步曰廣州埕曰流水隔曰東墻曰小墻小墻北曰十二藍焦東墻北曰百兵焦大桑小桑兩桑間曰桑門兩墻間爲鸕鷀門是極東之島舟不可行矣海壇人舊事私記曰海壇山周八百里分海上海下四五六七圖戸計三千七百户計八萬四

千左有東嵐瑞湖右有顯跡湖（即三十六鄉湖）有碧沙洋百花砦鍾門三鎮皆市井殷繁而碧沙洋產人參鍾門多科第尤爲海外名區焉閩海實錄云相傳舊有一州一縣州曰沙州縣曰朗縣不知何據洪武初徙其民而墟之置遊兵千二百名然所有苗米八百石征之合縣如故也正統間邑中布衣林揚詣闕上其事逮繫詔獄十八年至天順復辟始允其請而釋之嘉靖季年倭

寇據爲窟宅剿平後流民漸集蔚然成井里至隆慶間設海壇遊置戰艦三十兵六百六十九名啓禎間幾復舊觀矣東爲觀音澳泊北風船二十餘東南一嶼浮海曰牛山常泊船十餘皆賊藪也東北曰蘇澳泊南北風大船八十餘但不利西風又虞潮退舟膠而賊至西南爲龍王宮可泊北風船三十餘其旁又有晃尾澳可泊北風船三百餘又有進屏澳可泊北風船三十

餘疑即浚門也蘇澳西南爲石牌洋一石高可百仞在洋中如石牌狀石牌下有惡礁曰金錢礁龍王宮前亦有金盞銀臺礁出入愼避之東至東甲南至草嶼西至萬安各一潮水東庠即林亦之所謂東墻也在海壇東北南望牛山一小嶼曰小庠即小墻也東爲葫蘆澳可泊北風船二十餘出黿鼉高於人流水甚急倭寇往來之衝其南曰南江北有鱟殼澳

鐘門嶼在石牌洋之西北可寄北風船三十餘
其嶼玲瓏如鐘亦聞古有鐘沒於此潮退猶露
其紐島饒淡水汲者聚焉近嶼石高二丈如媼
東南瞰其石趾方三十丈中有井泉與潮候應
船泊之都會也半潮抵慈澳則長樂界
苦嶼門在鎮東衞東北二十里海中可寄北風
船十餘凡南來商船俱在此候風過茭入省或
遇風信不利經旬淹泊商旅無不苦之故曰苦

與南望石牌洋東望鍾門後澳爲澚可泊南北風船二十餘北入松下西入鎮東有惡礁曰鷄屎礁舟行宜慎之五虎海壇遊汛至此分界丙子行七十里至青坡又二十里渡烏龍江水面約四五里夾岸俱山波濤驚駛又行四十里至福州府將軍佟公少司空蘇公撫軍金公及藩臬以下皆來迎甲士五千軍容甚盛旌旗相屬十餘里又有臺灣歸化人及琉球使臣以次見

元年畫界自定軍山歷高嶺山小石山石屏山石龍山至
閩安鎮爲長樂邊邊界以外斗入海四十里梅
花所二十五里東山十里海路俱移共豁田地
九百一十三頃有奇八年展界安兵十處七星岩十
名小門二十名東山十名舊縣守備一把總一
兵三百名壺井山十名渡橋山千總一把總一
兵二百五十名雙桂山十名金墩今從長樂營
山二十名燕山十名龜宿山十名
撥守七汛松下把總一兵五十名壠山千總一
兵六十名東山港尾十五名壺井大
嶼二十名仙岐六十三名梅花寨把總
一兵四十名浪頭鼻厂石一十五名
候閱定

縣設於唐武德間以風物熙和故稱長樂舊在六平山析新寧之敦素里爲治今所謂古縣是也上元初防禦使董玠以其地卑濕徙治吳航頭卽今所也吳航去縣西半里閩中記吳王夫差畧地至此作戰艦故名永樂間中官鄭和過此改爲太平港閩書以吳王濞反漢東甌王摇從之故有吳航之名與此異至以爲卽馬頭江則大謬矣

六平山新圖作鹿平旁有高嶺戍臺山宛轉六
曲上有巨石中穿爲門通往來壁上勒第一山
小有天字宋時於此建九日軒寶慶中太傅陳
俞居其下亦名太博山
瑞峯院在同榮里五代周廣順二年太保王紹
齊以僧居岩間時有雲覆其上因作爲院有石
屏慶曆間提刑蘇才翁刻字於石屏鬬書以爲
石屏在縣東之芝山亦云蘇郤二公勤字蓋又

一石屏也

石龍山界連閩縣以上爲初遷近内界

七岩山疏名七里岩在縣南五都之羅田其傍

溪湄山有奇勝境曰寶山雲曰石澗泉曰龍津

釣山嶺有湖相傳湖中有巨蚌含珠曰珠湖自

此而東有社溪有大社小社二村巡簡司在焉

其南有郎官山連石尤嶺可通福清

牛壟山中有田一區丘壟環之有壟下民城洪

武間江夏侯建今置戍

壺井山有一井在山麓如壺鹹潮至則沒潮退其水復淡自甕下城歷江田漳阪東山三戍而至其地凡四十五里志勝云在縣東北四十里誤以圖考之尚在東南下有壺井村有水曰壺井江其出海處有二石對峙曰王母礁新圖作虞母礁宋末楊妃負益王祁王航海經此

雙桂山疑當作芳桂盇志有芳桂里也東至海

濱有仙岐嶺自城以北有大董小董村董峯在焉一日福山輿地紀勝云上有神人裸形披髮見者獲福故名閩中紀云董奉字君異侯官人少得道嘗游交州刺史杜燮病死已三日奉以三丸藥納之口中食頃更生奉後居此山爲人治病不責謝但令種杏一株久之有杏七萬株森然成林其西有蛤山旁有嶼二一曰人赤嶼一曰蛤嶼

雁峯即疏所稱燕山也新圖作雁山下臨嚴湖上有御風臺嚴湖一名西湖陳太建元年邑人嚴光之子恭賈於維揚舟次江滸買黿五十頭放之光家居見有黑衣五十人齎錢五千緡至曰子所寄也及恭歸語放黿事乃大異之遂捨宅爲寺湖中有小阜曰蟹山有六奇曰牛山曰馬水曰龍灣曰虎潭曰都官渡曰搢笏石自是而東並海有聖娘山其下有林婆湖林婆者唐

林鴟之妻鴟字神鳳開元中爲倉曹參軍嘗築
濱澗湖可溉田千頃妻趙氏亦捨奩田爲湖遂
名林婆湖稍北有魁山以其魁然異於衆也有
榧柱廟相傳唐時有神憑巨木泝流而上漁者
徙之下流輒復上如是者三土人以爲異而祠
之久之刻木爲像遂以名其廟又北爲碁山有
石臺仙人奕處也碁局尚存
梅花所在二十四都去縣四十里周江夏築城

設旗軍千四百五十八名其地日梅花山下有
梅江俗諺有梅江水亘千金之語人烟繡錯民
習販海往往闌出外境明王恭梅江詩云君不
見梅江浩蕩連滄溟積水不極涵空青未明先
帶扶桑日入夜倒浸銀河星澄波萬頃秋無盡
漠漠遙光海天迥島嶼千家烟火深軍城百雉
妖氛寢漁笛吹殘夜落梅空江長見舊潮廻珠
潭露下漁風起蛟室雲歸蚌月來仙源香霧浮

花島海色空濛望中好𤣥圖滄洲路不通清水
黄塵夢難到
𠂇石澳去梅花所二十里長樂北境盡處也下
有𠂇石江江上有石相傳地產紫菜味極珍美
閩王審知採以入貢禁民私取因立石爲澳民
業漁宋末陸秀夫奉二王從此入閩安鎮二澳
俱泊南風船而梅花孤懸海外飛沙將掩雉堞
風颶時作避舟不能久泊誠要衝也

磁澳山在焦山石梁巡簡司之外亦作慈澳新圖作滋澳內亘壺井犬嶼北望苦嶼門原設防船十二隻以備東沙白犬外洋之盜萬曆之季併入五虎遊海船南來轉茭者常候風苦嶼門或已行而潮汐不利則泊磁澳邏戍既撤每虞冦掠向來建議欲用漁船設長戍南風則駐苦嶼北風則守磁澳亦扼要之籌也

東洛西洛二島相連在磁澳苦嶼之間南一小

嶼曰橫蒜東即烏豬洋也洛門可寄北風船十餘但礁多宜慎西南一山秀聳如牛角曰牛角山可寄南風船二十餘牛角南十餘里即松下東沙白犬二山相連在磁嶼正東北望竿塘南望東庠東沙澳水深九托可泊南風船百餘用單巳針三更可至牛山自犬以形似蹲犬得名繞島石稜如鋒梃索遇之輒斷泊時倘遇颶風即有不測之危惟犬目一處可寄北風船二十

餘向來雖隸小埕後哨然巡船不時至盞自東湧徙巢或自外洋突犯輒於此分䑸行剽巡剿之舟由竿塘用正南風由大馬頭蘇澳用西南風由磁澳用西北風然磁澳水淺潮退未半而舟已膠往往望見賊船而不能逐也

南茭在梅花所前一沙線下插入海中上溯閩江而西長數里皆鐵板沙大舟遇之皆膠更遇風浪鼓拍動至震裂有一港可蜿蜒以入閩江

非老於海者不能識且其中沙面時有遷徙必滿朝至八九分乃敢入也二茭夾列閩江之口南茭以沙險北茭以石險南北商船過此嘗惴惴焉其閩江之舟東出者利西北微風

長樂連江二邑夾閩江之尾爲境而閩安鎮居其中綰轂海口則閩縣地也自石龍山歷象洋山至馬門嶺爲閩縣邊邊界以外十五里東岐高樓十里象洋俱移共豁田地三百八十九頃

有奇八年展界安兵七處石龍山五十名武定山十名武定門二十名登高山十名象洋五十名長柄山十名東崎山二十名今從閩安陸營撥守三汛象洋千總一兵七十名下塘寨把總一兵一百八十名石龍寨把總一兵一百名候閱定

閩安鎮海門也有城東南際大海閩江自西而東更其前由省城往從陸路則出水部門六十里而至從水路則自南臺九十里而至有柔遠驛琉球貢船常泊此有稅課局粵浙商艘往來

不絕有巡簡司千撅者所駐也人烟稠雜百貨所湊城四周皆水出城南門望隔江有石龍山山下有大石出江中其形盤屈號金剛腿北門外有橋曰沈公橋橋外爲教塲城之西爲水寨東臨江汜汜之隔浦登高山也其江爲全閩之幹水隨地而異其名源出浙之龍泉建之浦城崇安又合延建汀邵及古田閩清永福大小諸溪之水至此入海大抵閩江承建劍上流谷𧮫

川激至馬瀆山漸廣而緩曰馬瀆江至長樂侯官之境螺女金瑣石岊諸江來合之曰洪塘江又東曰馬頭江以江中有石如馬頭故以名衆流所滙浩瀚無涯有洲如堯號投堯洲予所渡烏龍江即此也又東至會城上洞江自左下洞江自右來會之故會城三面距水而其滙處曰南臺江越王釣龍處也上有萬壽橋平海頭陀王法助所募建長百七十丈水門二十有八又

東東西兩峽江來會之三江所受之水至多故
又因其名而稱西峽江而統謂之閩江也閩江
過閩安鎮有小山當其中流曰急水門又東有
兩石礁曰雙龜又東合於大洋有五峯列峙即
五虎門也江之南岸自石龍山而東曰武定門
又東曰浮嶼又東曰猴嶼其地有七嶼曰洋嶼
殿嶼獺嶼竹嶼鹽嶼芝嶼猴嶼而七也又東
曰瑯琦曰浮江江之北岸自登高寨又東曰碁

盤寨曰象洋寨共地有怡山院雲峯嶺又東曰長柄山又東曰下塘寨又東至館頭與連江接境矣五虎門之旁又有官毋與築城設廵簡司澳內可泊南風船百餘向設船十八艘外控竿塘定海內扞館頭伏莽時發哨邏殊不易也廼西爲荻蘆門屬連江

己卯自福州發行三十里至北嶺又二十里至何虎嶺又二十里至潘渡又十里至羅崙渡河又二

十里至連江縣
元年畫界自馬門嶺山歷浦口麻嶺透嶺至基盤山
爲連江邊邊界以外斗入海九十里北茭六十
里奇達澳三十里定海所附海二十里馬鼻十
五里大澳五里館頭俱移共豁田地二百三十
四頃有奇於浦口因界設守八年展界安兵二
一處馬門嶺十名長沙嶺十名定安嶺十名大澳山十名大澳嶺四十名東岱把總一兵
一百名東岱臺十名小澳十名浦口千總一兵
一百名松塢二十名腰嶺十名麻嶺十名白鶴

二十名麻坂把總一兵八十名綱邊十名驢頭
十名拱頭千總一兵二百名馬鼻二十名嶺口
十名浮曦山十東岱小
名東山三十名今從連江營撥守六汛澳把總
一兵一百名浦口六十名定海千總一兵一百
三十名苔菉把總一兵七十五名拱頭寨把總
一兵五十七
各館頭十名　候閱定
連江本溫麻縣地沈約宋書晉武帝太康四年
以溫麻船屯置溫麻縣是也武德初析閩縣地
別置連江縣連江出羅源縣之王土溪黃柏潭
會舊懷安縣之尭洲容溪三派合流至縣西曰

羅崙河遶縣治南亘欽平上下二里東流入海其在縣南者名鰲江去郭門百步跨江爲橋長五十丈水門十有六作於宋政和間俗呼江南橋自此東流二十里有東岱山亦稱岱江有漁滄潭石刻漁滄天乙之門東岱寨置於此江之北岸卽浦口寨也更東則海口矣

邑形東西綿亘海在其東閩安鎮在西南閩江之口經其南境亦大海也其東北境又有支海

內入故邑東偏之地如舌吐海中北茭定海爲
舌之端小堤黄崎爲舌之腰而浦口馬鼻舌之
本也初遷於此立界自是以東遠者百里並在
界外予行自潘渡入邑境羅崙河即英顯蕭公
顯靈處也公名孔冲五代時建安人中唐莊宗
甲科隱於邑南之兌峯薙髮爲僧志行堅苦能
伏虎豹歿而邑人祠之宋靖康初建寇葉儂犯
境遥望羅崙有牙旗火光又聞鼓角呼噪之聲

逡巡退去避寇者咸見神兵歸廟中紹興中海寇掠荻蘆亦見九龍江上有巨艦揚旌而下上書蕭字因得賜廟額曰英顯

自城而南七里曰館頭其地有覆釜山形似釜而勢下垂南峯之麓有石雙峙道出其中曰石門唐中和中建石門寺於此有玉華洞以巨石相倚而成其中深邃燦若玉華有玉人峯半月池皆取形似有清陰洞在石門寺之北其下平

廣可坐數十人上有佳木蔭翳故名又有石鼓石魚五臺鬬牛諸石石鼓形圓扣之有聲五臺者巨石五高而頂平如臺之峙石魚鬬牛亦各以形似名也

自舘頭而東五里至馬門嶺又五里定安又五里長沙又三里大澳又三里洲嶺又十里小澳邑之南境八年展界也小澳斗入海爲東南極處自此折而西北十里百勝寨又十里仍至東

岱海口矣

荻蘆港與閩江相連在長沙定安之外去縣三十里志勝云在縣東四十里誤一名九龍江上有荻蘆山亦名九龍山七島外列因以成港海面約半里七島者泥塢塘下定岐蓬岐後沙下邊東岸也相傳秦始皇遍鑿東南諸山之有王氣者此山根連鼓山鑿之使殊得蘆根一莖長可數丈斷之明日復合役者苦之夜夢有神告曰夜可置鍬

鍤勿收如其言蘆莖遂絕其絕處有血痕因名其地曰荻蘆峽今亦謂之荻蘆門

自蒲口而東十里至松塢又廿里中麻又十里蛤沙又十里東坪又十里小埕寨又五里定海所而地盡矣折回西行十里至官塢又折回東行十五里安海十五里黃崎十五里苔菉又五里北茭爲東境盡處

蛤沙有城洪武間周江夏建有河泊所有石壁

高數十丈上刻字曰劉禹錫過此

小埕寨水寨也設欽總一員白犬竿塘東湧及東西二洛其汛地也南與南日寨會哨於南茭北剳西洋山與烽火寨會哨澳內可泊北風船三百餘

定海所在二十七都因山爲城三面阻海故設操屯軍千五百二十名南門距海五步風起潮湧可激女墻爲省會鎖鑰連江捍蔽城之坐山

曰雁塔墩登之以望上而北芰下而南芰內而五虎荻蘆外而竿塘白犬皆在指掌城爲周江夏所築火器樓櫓甚備嘉靖末倭寇攻圍固守不陷萬曆末移水師遊擊二十五艦駐防屹然雄鎮矣南門一澳泊北風船二百餘西門外長澳泊北風船三百餘山東北爲鐵沙澳雁塔山後爲小埕後澳泊南風船百餘城東南五里許海洋中四嶼珠聯伏礁甚惡戚少保嘗統四十

艘犯夜而出皆劘碎南門西門二澳遇夏至後南風盛發舟不可泊秋冬颶風漁艇商船紛紜蝟集姦宄莫辨稽詰殊難也

北茭巡簡司有城周江夏所築舊爲荻蘆巡簡司明初始易今名一山直趨海中石骨嶙峋爲省會鎖鑰南北之天塹也城下可泊北風船數十北上商船非東南風不得過或少參以北風舟輒維樵而止遊氛自東湧西洋乘之有坐困

而巳故商船將至茭而風未便者又須於黃崎
候風
黃崎澳在北茭之西其外即銅鼓洋有土堡居
民百餘家澳內可泊北風船五十餘斜行至定
海三十里至竿塘一潮水竿塘兩山相連在海
中以多茅竿故名先有居民洪武間內徙上竿
塘峯巒層曲周三十餘里有竹扈湖尾等七澳
鏡澳泊南北風船十餘竹扈澳泊南風船三十

餘竈長箕澳泊北風船三十餘下竿塘周三十餘里有白沙鏡港等七澳馬鞍澳泊北風船四十餘但苦泥滑下椗易移二島南至南茭北至北茭西至定海東南至白犬西南至五虎各一潮水相近一石峯高可六十餘仞俗呼竿塘杙凡哨探淡水雞籠琉球日本俱從此放洋認此收澳倭冦至竿塘亦必泊而取水焉

奇達澳在北茭之西斜徑至安海十里

下木澳籌海重編作下目澳又有上目澳在南與黃崎對峙在北茭之東可泊南北風船二十餘北至西洋南至竿塘各一潮水

大小亭山桑嶼與閩嶺俱在海中舊屬崇德里昔黃氏兄弟載寶沒於亭山因祠於此按即黃助與其弟光也

馬鼻山揷入海濱以形似名南行爲玉樓山有嶺曰透嶺有嶼曰鶴嶼皆設戍處元年遷界也

自馬鼻而西爲綦盤浮曦亦設戍處乃八年所展界其地香爐山有章仙埕仙開元中人嘗斬蛟延津江中有勅書碑記其事又有磨劍石掃壇竹及石綦盤此綦盤山所以名也

庚辰行四十里至丹陽鋪又四十里止羅源縣元年畫界自綦盤山歷岐陽鋪護國鋪烏坑至山界首嶺白鶴嶺爲羅源邊邊界以外斗十入海六十里濂澳門五十里糙裘附海三十里大獲二十里蹟

頭平里松山背務共豁田地五百六十六頃有

奇八年展界安輿平共處大獲山十名小獲山十名松山三十名邊

崎山三十名泥田十名鴉坑廿名茜源廿名三層嶺十名王沙廿名壘石三十名峯甲頭巖廿名

今從羅源營撥守七都溪鑑江把總一員兵一百名五里渡把總一員兵一百

名濂澳兵一百名邊崎江十名泥田十名烏坑三十名大小獲四十名候閱定

唐大中五年割連江縣地置羅源場三山志云

羅源溪名亦姓也一云名羅川咸通中復割懷安

地益之陞為永貞鎮後唐長興四年閩王陞為

縣宋乾興中始名羅源縣初治水陸寺側介兩溪間時有水患慶曆八年遷於戴坑卽今治所嘉靖中始築城周三里

羅川源出蔣山接金鐘潭流至四明溪分爲三派曰中溪南溪後張溪流入松崎以達於海

濂澳在縣東邑之左臂也而連江之奇達澳爲邑右臂濂澳之東爲鑑江又有東衝皆寇來必由之地嘉靖末濂澳奇達皆嘗陷於倭自濂澳

至西洋一潮水澳中有山曰簾山以形如簾幙圍繞民居故以名濂澳有十景曰石筍曰仙人跡曰感夢泉曰山羊鼻曰石虎曰文筆峯曰遥濟橋曰馬鞍山曰雙石與簾山而十也

黄沙溪疏誤作土沙源出寶勝山流入松崎港

疊石公館在羅平里亦名飛來石山頂一峯突出有巨石平如砥小石疊其上故名

辛巳行三十里至疊石又三十里至白鶴嶺止寧

德縣

福寧州領縣二一曰寧德曰福安與州治俱傅海

元年畫界自白鶴嶺歷寧德縣銅鏡河溪漓至洋頭閩坑

小畨嶺爲寧德邊邊界以外斗入海八十里象

溪七十里梅溪六十里飛鸞附海三十里金埵

河二十里黄坑十里三嶴皆移共豁田地一百

六十頃有奇於閩坑嶺因界設守八年展界安

兵十四處界首嶺十名白鶴嶺十名洋尾山把總一兵三十名蚶崎山二十名黄土

巖十名南山二十名馬鞍山十名張灣千總一兵二百名斗門橋十名後壟十名東墻把總一兵百二十名林長嶼十名金埏河西臺二十名金埏河東臺二十名今從福寧右營撥守九汛飛鸞蚶崎把總一兵四十名洋尾二十名張灣千總一兵五十名黃土岸十名港尾十名藍田十名金埏西臺五十名金埏東臺把總一兵五十名馬鞍山二十名

候閱定

縣先爲唐時感德場僞閩龍啓元年陞爲寧德縣東面距海支海內入抵於邑之東門一溪遶城之南曰南門溪一溪遶城之北曰藍田溪皆

滙於城東浮其中者曰酒嶼曰金既山曰金崎曰錢岩曰橄欖嶼曰青山其洋曰三江洋大島當其口三都地也蓋邑之環拱多在東故他縣治皆南向而寧海獨向東以白鶴爲主山碧山爲近案碧山外大海爲明堂規模特宏敞焉其在支海之南岸爲三都地山爲飛鸞蚶崎梅溪之屬在支海之北岸爲四都地藍田章灣黃坑馬鞍山皆在焉少北爲金鰲橋海口卽斗門也

又北爲東墻海口距縣二十五里即金溪銅鏡之水出於三與者也又北爲金垂海口距縣三十五里金垂河上接渺外溪又上穹窿溪邑西南境之水皆滙於此矣由邑南門黄土岸陸行過銅鏡渡金垂河歷溪濤至鬭坑接福安境則爲初遷内地之界白鶴山在邑之西門一都地也南連白鶴嶺予行自此取道焉

白鶴山俗呼西山秀拔千仞南接飛鸞北接蓮

花峯懸岩峭壁空洞幽深泉水清洌是爲龍湫其右爲靈谿書院又有泉曰定泉旱潦不增減白鶴嶺百折盤空海上諸山皆入延眺嶺之南飛泉百丈遥望如銀河倒瀉曰南山漈嶺半有驛井味極甘美宋樞密曹輔所鑿也輔時爲縣尉偶憩此嶺暍甚心自念曰安得引一泉以惠行者乎方舉念而泉忽湧因甃爲井初名應泉又名曹公泉

飛鸞嶺在邑東二十里下有飛鸞溪源出羅源界其東峯有百丈漈名棲雲潭唐黄岳家於嶺下岳博通典籍尤精易數黄巢寇閩避地者聞岳好施歸之如市悉賴全活乾寧中王審知累徵不應必欲致之岳投棲雲潭鄉人哀之因祠於梅溪

梅溪山與飛鸞相屬南俯大海前峯四拱勢如勒馬號曰勒馬山縣學取爲前案嶺下有萬石

岩石岩如屋可容數百人中有石竈石井石床石几傍有石舟兩崖之間有石橋橫跨又有仙茅山舊傳茅君兄弟煉丹於此有土堆中虛擊之硿硿有聲號曰神仙土鼓山頂產石辣菜其味芬烈異常又有城澳山環匝如城中有三澳可置萬家又有五馬峯縣南諸山奔會至海垂盡而五峯突起狀如立馬邑之捍門也

金甌山若甌浮海面與酒澳猿毛嶼及大小金

崎諸山聯絡海中而此山特迩
瑞峯山在三都海中距邑三十里秀拔萬仞昔
有韓董二仙修煉於此丹井碁盤尚存又有黄
灣峯嵩山皆與金高而嵩山之崖有瀑布千尺
如白練懸空青山海島周七十里有田土無官
兵居民
章灣在五都或作漳灣新圖作張灣誤其旁有
仙人巖雙掌痕深數寸又有仙跡巖亦留雙掌

及馬蹄跡相對之山復留仙人坐痕又有阮先生祠祠宋紹興間上舍阮大成又有龍江井溢則稔枯則旱邑民以爲占驗宋乾道元年邑大旱官民祈禱不應章灣士人阮元齡撰愬旱魃文齋禱龍井大雨立至三日乃已是夕元齡夢黄衣使者言奉上帝命取愬魃文且令俶裝以須元齡晨起齋沐錄其文而爇之踰日果卒文多奇字畧曰吁咄哉酷魃肆虐多歷時所極暘

烈熇炖燥灼煦譬堪輿大於一高廼窮極萬有

羅致罙卉音舉藏也百億甈屬悉持巨炬爕笈爍毛

箇籚皴皷箇末五切籚米古切皷音胥火烈也風伯唾怨唾音篆怨音戀

不靡也勸厭貪汚勸音盧助也動堀堁塌音課塵也出入胥

舁音舉熇雲疾雷震赫時暑九泉焦而揚塵蘋荇

燎而成旐音舉流泉石之淵淵窘蛟龍而就敗音汝

魚不鮮也民森而顛森音覽愁也物妥而脯妥音倸落也後云

帝哀下民寧不震怒諒勑六丁撮汝虩鼠凡數

百言佶屈類是見閩書中

三嶼在六都少南爲林長嶼海户金溪水出焉海中又有官護嶼烏嶼蓋所以爲三嶼也或云海中有三小墩即三嶼所以名過海户又南爲駉山山形秀聳有驊騮奔馳入海之勢故名官護嶼志作官護山地勢坦舒土壤饒沃山尾洋底有井源出浙江龍泉縣界東流至斜灘過載首合松潭溪至廉首村會此名曰官井洋出此

則渺茫大海矣志有扈崎山疑即烏嶼官井洋內曰雲淡門寧德之左臂也金溪源出古田縣入油溪逕羅源會百丈漈竹林潭至溪口村同出三嶼滙於海

金垂河疏作金埵河誤其海口曰浦門當其前者福寧之白狐山也外渺溪入焉溪自政和界逕清岩甘露溪至銅鏡金垂滙於海宋陳嘉言霍童山詩云藤上老猿欲墜松間野鹿相隨苔

蘚綠埋丹竈桃花紅出金壥霍童山杜光庭以爲第一洞天有大童小童峯又有石橋亘空石廊三十餘丈海鰌井下與海通古仙人霍童所居也在金壥河南渡距縣可二十里志作縣北七十里誤銅鏡舖有水南湖瀦水不竭可資灌溉有博濟泉夏冽冬溫自此渡金垂而北爲溪濟又北爲閩坑自此折而東則福安界矣閩坑之北有周墩堡故於此設縣署曰東洋行縣有東洋麻嶺巡簡司後移雲

淡門

西洋山周四十里內澳可泊北風船百餘旁一澳名景初可泊北風船十餘向不設兵賊所嘗泊也上控盛山馬礀下引北茭外望東湧內通奇達東衝濂澳鑑江飛鸞鹽田白馬雲溪諸處爲羅源寧德二縣外藩自大金以往東北西北風皆利順風至竿塘定海各一潮水

横山在西洋山東突兀海中不可泊船東湧內

犯賊艅必由此至西洋一潮水自東湧來三更可到

東湧在東大海中兩山東西對峙中一門相去里許四面峭壁澳內水深五十餘托東山有大王宮澳前多拳石泊北風船五十餘西山一澳泊北風船百餘後一澳泊南風船二十餘絶島孤懸風信難測哨邏不能時至在時議設長戍慮險遠難於策應輒復中止但爲賊艦所窟穴

賊所用釣艚高艦習於風濤轉旋便利剿之者必以夜晝日望見我帆檣即迸走外洋我兵逐之宜搏影捕虛耳每遇西北風自三沙往五更可到自大金往四更可到西南風自西洋往四更可到自竿塘往五更可到

壬午行三十里至三嶼渡十里至金垂渡沿海路少迂又三十里踰大梨嶺又五里至白石司渡江又二里次灣塢福安縣地也

元年畫界自小畱嶺歷廉嶺縣前洋尾河茶洋嶺大梅柳溪至杯溪村爲福安邊邊界以外斗入海六十里衛洋五十里白石司附海三十里三江口圯灣皆移共豁田地四百八十四頃有奇於大梅因界設守八年展界安兵十一處衛洋山二十名大梨嶺十名白石司千總一兵二百一十名白石司馬頭十名灣塢十名梅洋山把總一兵一百名下裴山十名灶嶼十名前郎山十名官嶺十名鹽田把總一兵一百名今從福寧右營撥守八汛白石司千總一兵四十名大梨嶺二十名南浦三十名鹽田三十名灣塢把總

一兵五十名馬頭梅洋一十五名　候閲定
下邳圯灣十名前郎官嶺十名
邑爲唐長溪縣地宋寶慶間分而建縣爲韓陽
坂即今治也邑水之大者有三並會於城南之
三十一都曰三港口亦曰三溪口疏作三江誤其地
有洋尾寨以海潮所止也其水之自西而來者
出政和之牛嶺曰穆溪過廉嶺曰廉溪自北而
來出壽寧曰平溪以其遠郭之西而南流亦曰
西溪自東而來者出浙之慶元曰長溪將近邑

而秦川大梅化蛟諸溪次第會之合而西流以其在郭之東也又謂之東溪三溪既滙合流而南曰蘇洋又南曰六印江曰甘棠港曰芭蕉洋更出古鎮門則大海矣然猶爲內海有重沙二支自福寧州南出海中又逆插而西蜿蜒遙拱於邑之南內曰長嶼外曰大金須自邑之西南泛海過箬頭葑乃爲大洋也

初遷內界自寧德縣至閩坑皆自南而北過閩

坑則淅而西又過小酉而至廉嶺廉嶺一名靈巖巖下有金印石釣魚臺前有雙劍水廉嶺之名始於唐人薛令之有靈谷草堂令之所居也令之嘗聞龍吟之聲後登神龍二年進士開元中累遷左補闕兼太子侍讀時李林甫不憾於太子故宮寮亦見簡畧令之題壁以寓諷曰朝旭上團團照見先生盤盤中何所有苜蓿長闌干明皇見而續之曰啄木嘴距長鳳凰羽毛短

若嫌松桂寒任遂桑榆燰令之遂自病免罷歸
上聞其貧命有司賚其歲賦令之量口受賜肅
宗卽位以舊德名而令之已逝詔官其後人且
表所居村爲廉村水爲廉溪山爲廉嶺以旌之
所著有明月先生集其弟之子芳杜有行誼卒
而鄉人祠之宋政和中山賊湯粃率衆至引弓
射祠旁木忽怖伏請命若有物禁之者遂就縛
建炎中賊葉儂經此擊祠中鼓不鳴走之溪忽

水暴漲不得涉爲邑人所藏嘉定間賜號靈佑
侯杜四世孫念其亦爲神附祀於祠邑阮氏盜
侵令之墓傍地冢輒火見念其指麾於烟中絕
定間賜號顯應侯其旁有城山唐末黃巢之亂
邑民於此築城保聚故名

六印江以江中有六小嶼故名上有雙岩先是
文殊寺有大鐘唐末黃巢寇閩過此欲取以烹
牛鐘忽飛入龍潭後潭漸塞復飛入六印江風

雨中時時出沒鏗然有聲宋咸平三年鐘浮泉舉之不動雙岩寺僧以錫杖挑之鐘自起因置寺中

甘棠港舊名黃崎港在六印江下先有巨石屹立波間舟觸之輒覆溺唐末王審知爲威武軍節度使欲鑿之難其役乾寧五年夢有神自稱吳安王許爲助力因命判官劉山甫請邑祠之祭未畢而風雷暴作見有一物非魚非龍鱗黄

鬣赤五日夜而風雷息已別開一港甚利舟楫事聞優詔嘉奬以爲審仰德政所致賜名甘棠港封其神爲顯靈侯梁侍郎于兢作忠懿王碑嘗紀其事其上有甘棠公館外即古鎮閩十八畚

白馬門

白石巡簡司在邑南一百二十里設有城堡故爲黃崎分司唐榷務也明時徙於長崎而設巡簡司於此臨司行部嘗駐節焉後有泉石峭壁

甚奇泰昌元年邑令張蔚然刊木闢磴求得勝地置亭其上名之曰青林洞青林者令别號也令錢塘人錢塘嘗有青林洞云

大萊嶺盜窟也明時置戍今訛爲大梨閩音之訛也

下裴山新圖作下邳以圯灣而得名也

癸未行四十里官嶺渡河叉四十里止福寧州

甲申殷主政分閲桐山予與石學士金中丞先行

返省

元年畫界自杯溪村歷福寧州城赤岸橋楊家溪店頭至與浙江分界之沙埕止爲福寧州邊邊界以外斗入海八十里沙埕七十里水澳四十里三沙三十里圯灣鹽田附海十里松山皆移共豁田地一千七百九十七頃有奇八年展界安兵六十三處李園山十名青礁十名尤家大山十名楊梅嶺十名小馬嶺把總一兵六十名木連山十名南屏嶺十名漁洋嶺十名沙塘把總一兵一百名冲嶺五名大沙五名州前嶺五

名白塔山五名魚井山十名瓜嶺十名呂徑山十名青浩十名青浩寨把總一兵一百名小灣嶺十名小澳山十名周灣山十名岐溪二十名西洋千總一兵二百名橫坑二十名數嶺五名敖嶺五名范溪五名把崖山五名六都嶺五名六都半嶺五名三佛塔五名三佛嶺五名黃宰山五名七溪團五名村保嶺五名村保臺二十名歛城守備一把總一兵三百名倉頭山二十名羣頭山十名斗門山十名三墩十名缸窑嶺十名團山十名歛城後山十名嶺下十名周倉嶺十名後崎二十名白琳把總一兵八十名店頭河十名王孫十名鄭崎十名岩前十名塘底把總一兵八十名塘底東山十名後灣十名桐山千總一兵二百名東山嘴十名東山十名西山十名南洋山十名駱駝山十名戰坪洋十名分水關二十名　今從福寧營撥

守十七汛大金千總一兵六十名州前嶺五名沙塘七名漁洋高羅十六名積石門峽十六名羅浮延亭十名小柘洋五名下湇把總一兵五十五名小馬寨六名龍灣八寶把總一兵三十名硯石二十名松山十名赤岸十名青浩牛店千總一兵六十名小浩三沙四十名七都平城把總一兵三十名西洋寨十名桐山營撥守十一汛激城千總一兵八十名三佛塔三十名秦嶼八十名南鎮把總一兵五十名黃崎三十五名店下三十二名白鷺三十五名前岐千總一兵四十八名流江二十名沙埕三十名分水關把總一兵五十名候閱定

按連江縣志晉太康三年析侯官縣溫麻船屯

置溫麻縣其治所在今州南三十里有古縣村蓋盡州境以至羅源連江皆溫麻矣隋開皇九年廢溫麻入豐縣豐縣者今之閩縣也唐武德六年以溫麻廢縣置長溪縣在龍首岡即今州治也既而都督王義童自龍首移治於連江之北改名連江縣今屬福州而長溪縣治爲寧遠鎮嗣聖十九年復置長溪縣而連江縣如故元至元二十三年始陞長溪縣爲福寧州領福安

寧德二縣明爲直隸州
按州境東西綿亘自周西至於栁溪五十里接
福安縣界自州東一百八十里至桐山接溫州
界其在西境者曰楊梅杯溪下墕溪官嶺皆邊
內海自城南州前嶺三十里至沙塘又南爲漁
洋埠山脉自此分爲二支揷入海中一自漁洋
而西歷小馬南屏以至於長典凡一百二十里
一自漁洋而南歷武曲八十里至大金所折而

西歷閶夾羅浮至於箬頭帮又一百五十里長興之北海水盪而東入至於八寶又東至鹽田上接杯溪諸水在州城西南三十里長興之南海水盪而東入至漁洋埕其海曰連江其里爲連海里蓋漁洋左右皆海地形至狹一埂過脈如蜂腰也自城東門折而南行十里曰松山烽火寨在焉繞其外者曰松山港過松山港而南行曰赤岸又南曰後崎而抵於海由赤岸而東

歷青浩稍南至三沙斷斗入海中歷五澳至黎
智墩而止州東之第一支沙也遶其外者曰楊
家溪過楊家溪歷錢大王鋪折而南又斗入海
過三佛塔牙城梅花墩至南金墩而止州東之
第二支沙也遶其外者曰激溪上接藍溪過藍
溪歷屯頭太姥山激城秦嶼又斗入海過大小
筼筜白鷺水澳至南鎮門凡四十里州東之第
三支沙也遶其外者曰董江上接桐山溪過桐

山溪至彩澳折而南又斗入海歷大欄小欄流江象洋至沙埕而止凡百二十里州東之第四支沙也遠其外爲白水郎浙閩分界處矣自桐山又東則爲分水關凡自州東以至分水關皆迤邐而東北海疆時有紆直之異茲特言其大較焉

福寧衛在州城中領操屯軍五千六百名

楊梅嶺舊產楊梅宋開禧寺僧始砌嶺路東抵

五里臺西抵十八溪宋嘉定中令楊志捐俸甃石亦號楊公路

鼓鐘山在古縣村舊有鼓樓與山相連亦名鼓樓山稍南爲洪山勢極高聳遠望溫台如在目中相傳葛洪煉丹於此故名石上有篆文六字人不能識

霞浦山下臨江水曰霞浦江即連江也有青黑玄黄四色日出照映江水如霞故名宋乾道間

莊元美修道於此見五色鸞鳥來迎遂羽化相近五里有牛跡山兩嶺有坳相抱中函方窪如牛蹄之跡溪水至此忽陷入地中伏流數十丈而復出瀌瀌有聲又有小洪山絶頂天池廣二三畝四時不竭有龍居之其傍爲大小風門霧出卽雨又有蓮花山五峯攢簇如蓮花萮山麓有大小二石龜其色瑩白形體皆具首尾欲動亦有圻文

竹嶼在海中脈出於洪山

小馬山之旁有四城山上有巨石黑色亦名鐵

印山

硯石江亦卽連江之委也江中有嶼其平如硯

五代周時有許光大者爲沿海都巡簡江寇至

光大戰歿江水如血者三日屍隨潮歸鄉人立

廟祀之

硯石之旁有東蚶西蚶更西爲長與兩地盡矣

外一小孤嶼曰蓮花嶼又西即白鈲山在海中當寧德之金垂河口地分兩境以山脊爲界自北面復轉而東曰小靑礁曰李園可復爲於鹽田焉

漁洋埕有二小嶴東出北稍短曰短表南稍長曰南表自是而南爲武曲臺又南曰高羅又南曰積石又南曰斗米亦稱斗美折而西曰大金所有城故設操屯軍千一百二十名其山曰南

金山廣袤二十里昔有海客至此館於逆旅遺金二餅而去逆旅兒弟二人追十里還之客大詫曰君非常人也異日聲價當比南金因以爲名宋時有鄭羲以理學稱又有鄭君老十歲能詩舉咸淳進士山上有江王廟相傳始於唐時其像木自海浮來是夕見夢于里人曰吾台之黄岩人也姓江名清里人遂刻木而祠之於此其南又有小金山支峯曰劍峯而文崎武崎二

山隔水相向相去五里擁把左右上有玉井峯鍾冠峯羅漢巖金牛跡尭花塢梅花坡遠望之縹緲如雙螺焉當其前者爲筆架山在海中以形似得名明嘉靖四年四月土人見五山自海浮來止於筆架之外峯巒明歷上有草木人馬往來貿易如織萬衆聚觀良久而散蓋蜃氣也其旁萊臺下有龍潭邏海者必屏息過之噤不敢譁萬曆間一守備以爲妄也鳴金鼓舉砲自

若俄而龍起覆溺焉筆架之內兩崎之間曰鴨池以山島四遶風恬水澄如鶩鴨之池也衆險之中以獨安爲奇云自大金而西曰閭峽堡故於此設高羅巡簡司又西曰羅浮相傳此山浮海而來泊船止利北風若遇南風則石崖齒齒不可近旁立石筍山脈屬於閭峽登之可以遠眺中有清泉一泓上往大金下達西洋各半潮水西南風四更抵東湧三更抵礵山自羅浮又

西爲小柘洋又西爲下滸故於此設延亭巡簡司又西爲延亭更西至箬頭幇而地盡焉相傳箬山爲七佛所居其地峻岩一名峻灘有二大石相疊一人撼之即動衆撼之反不能動旁一石筍高十餘丈凡自大金巳西山徑險仄狼虎反縱人跡罕至也

芙蓉山在閭峽之南海中周二十里可泊北風船五十餘亦有龍潭舟過不可舉砲

馬砌山在芙蓉南海中周十餘里可泊北風船二十餘上距大金下距西洋各半潮水

盈山在馬砌南周七里可泊南風船十餘以上三山皆賊藪也更南即西洋山矣

相近大金海中有浮瀛山一名浮膺山上有四澳宋元間居民蕃庶鎮北大將軍林國祥居此明初內徙松山港昔時風濤險惡歲患溺舟其後流沙漸合始成通港山之南有清潭寺隋開

皇中梵僧闍那崛多建山上有廟相傳其神姓趙名昱蜀之青城山人仕隋爲嘉州守斬蛟拯溺蜀民祀之灌口宋開慶初復廟於此元至正間州大飢神化形爲估客附米船至閩謂船主曰此米至松山必大售利且十倍我爲若先馳往告彼中牙儈令聚貲以待且授以握中扇曰若至彼津渡有詰問者以此爲驗言訖遂去是日松山人夢神告曰米至矣有頃船果至船至

具言所以來且出扇以示松山人視之則廟中塑像所握扇也乃益大驚成化九年移烽火寨於此初設於三沙外之烽火山海島也置欽總一員戰船四十三隻兵九百五十三名後以險遠而內徙焉澳內南北風船俱可泊但苦潮退易膠外對海中火焰山更出爲長表短表折而南爲筋竹洋惡礁鱗布柁師苦之夏至後陰陽相薄沙濤湧沸土人謂之海動雖漁艇不敢出

也北至浙之蒲門南至連江之濂澳近則礵山大金羅浮箬頭延袤三百餘里皆其信地也其會哨北會浙船於井下門南會小埕寨於西洋山嘉靖中把總朱璣以汛地遼闊請分兵船爲二一泊官澳一泊嵛山萬曆間復增中哨以守三沙焉

瓜嶺一名深澳嶺宋孝子王薦居此母沈氏冬月病渴思瓜不得薦至此嶺遇雪仰天而號忽

見石岩間青蔓離披有二瓜摘歸奉母而疾差
明太祖載之御製孝順事實中嶺畔有馬仙巖
相傳仙人馬姓者居此頂有穴泉隨所至人數
恰可給飲嶺東有東岩岩左有龍井雲氣嘗蒙
其上右有池曰鳳池
赤岸唐林松居此登乾符中進士詞賦爲一時
之冠觀察使李晦奏改其鄉曰勸儒里曰擢秀
以旌之又有文翁龍首二橋皆以嵩得名也其

地又爲紙衣道者墮水處道者爲周顯德間人清潭謝氏子出家名義韶居常不食以紙爲衣一日赴齋赤岸被人推墮深潭中咸以爲死矣及至齋所則道者先在紙衣亦不濕也柘洋水坑平嶺諸溪皆至赤岸又有倒流溪亦西流合於赤岸赴海

後崎山與松山夾港對峙全體皆石磊砢奇秀唐乾符中有陳蓬爲白水仙者居於此能詩嘗

題所居云竹籬疎見浦茅屋漏通星與林嵩友
善宋紹聖間邑宰熊浚明作邑誌言嵩曾孫仲
荀有地里志得之黄忠黄忠得之白水仙云
三沙上有土堡明時居民三百餘家澳內可泊
東北風船三百餘賊所窺伺汛時常設陸兵一
營駐守爲福寧上游最要之地
舊烽火在三沙南海中周十餘里明時有居民
三十餘家原設寨總公署徙後撤之澳內可泊

南北風船六十餘
嵛山在海中舊烽火東二山相連高者曰大嵛山周四十餘里外窿而中窪如盈盂故舊名盂山有三十六澳昔多居民洪武中內徙萬曆年勘丈得荒田三十餘頃擬設屯墾而中止僅爲漁戶所居有媽宮地產鹿澳內可泊北風船六十餘在南者曰小嵛山多鹿不可泊船二嵛皆烽火三沙屏翰也舊設遊總一員戰艦二十二

兵五百十四名以守之與臺山遊相犄應北路叅將汛時駐此旁有艮山有嶼曰日嶼或作目嶼新圖有大目小目

七星山在海中嵛山之東七嶼羅列故名七星可寄北風小船十餘自官澳鎮下門放洋或自嵛山放洋各三更可至

礌山在大金東海洋中有南礌北礌東礌西礌亦作桑山音相近也東礌泊北風船二十餘北

礵泊北風船五十餘南礵泊南風船二十餘中多惡礁過者宜慎西北南風俱自鴨池放洋二更可到東北風自三沙放洋三更可到倭寇自北來者嘗至此分䑸萬曆末設遊兵統十二舟守之以不能久泊而撤

楊家溪中有九里潭自漆溪泥溪至此凡九里過黎智墩而入海

太姥山高十餘里在州東巳百餘里矣舊名才

山今置戍有材堡與之相近太姥者堯時種藍嫗也好施與遇仙人授以丹藥服之以七月七日騎龍上升後人名其地曰摩霄峯又有太姥墓在岩洞前一石趺類龜背豎石塔乃太姥旣上升而後人思之葬其衣冠也藍溪源出山頂即太姥種藍處每八月烏桕葉落水中作凝碧色俗傳爲太姥染衣居民候其時取水漚藍染帛極佳唐乾符中僧師待建國興寺咸通初林

嵩建草堂讀書其中遺址尚存嵩記云山舊無寺僧師待始築居於此乃圖其秀拔者為三十二峯自後精藍鱗次遂成遊觀之區矣遊太姥者東南入自金峯菴東入自石龍菴即疊石菴又山外小徑自北折而東亦入自石龍菴西入自國興寺寺西有塔北入自玉湖菴菴之東為圓潭菴國興寺東岩石尤奇有萬丈崖崖上為望仙橋橋西曰白龍潭有龍伏焉洞中辥辥如

鼓聲潭之西曰騾龍峯峯上曰白雲寺又上曰摩尼宮後有頂天石石有巨人跡二可長二尺山高風寒夏月猶挾纊樹木無過四尺者石皆皺瘃秋霽遠望可盡四五百里雖浙水亦在目中乾符六年記

潋城堡下有潋溪納秦溪藍溪諸水宋有林守真者自言永嘉人敝衣蓬垢日醉酒肆中或數日不食亦無饑色一日忽作百人之饌集諸道

侶夜分舉手謝曰先行矣瞑目而化案有遺扎曰得行便行得去去明月清風爲伴侶火浴有異香鶴舞之應塔於龍潤之上

秦嶼堡有大篔簹巡檢司牙裏堡即牙城也有青灣巡檢司桐山堡在廉江里十七都有蘆門巡簡司下有桐山溪其出海處曰董江相傳董奉煉丹山中嘗就此澡浴也山之東有雙髻峯又有形若龜者曰龜峯山北有岩如伏虎曰白

虎岩宋高曇居此山下孝宗朝爲秘書省著作郎曇號容齋光宗常書容齋二字以賜之又有高融者登乾道進士棄官而隱於此作無餘草堂

沙埕北鄰浙省之蒲門所澳內可泊南北風船三百餘浙省商賈於此鱗集互易所齎兩省一大都會也倭寇嘗窺伺之舊於此設陸兵一營其地有黃崎山面大海海中屏風山當其前朱

文公避學禁常隱於此作中庸序書其稾於民家白板扉上後此扉舁入州庫奉爲世寶焉

屏風山在崙山之北南來商船皆自此收澳貿當秦嶼八都青澳皆爲賊衝恃此扞之嘉靖三十八年四月海寇洪澤珍引倭入寇攻福寧州分守參議顧琊固守五晝夜得不陷賊移攻福安縣破之參將黎鵬舉率指揮盧鼎臣等大敗賊於屏風嶼又追之鎮下門獲其四舟賊燬巢

遁去
臺山在屏風山東周十餘里秀聳若臺故名水
深五十餘托澳內可泊北風船五十餘上有娘
娘宮往時倭寇自日本或南麂來者皆就汲於
此八閩上游第一門戶也萬曆三十五年置遊
總一員率戰艦十有八兵六百十九名以守之
以澳中不利南風不能久駐名守臺山實居官
澳耳西北風由官澳鎮下門放洋二更可到南

風由崙山放洋三更可到

鎮下門在屏風山之北故有居民千餘家委稅官以蒞之澳內可泊北風船百餘北至官澳南至三沙各一潮水

官澳在鎮下門之北蒲門所之東爲浙閩分界之地澳北泊南風船四十餘爲溫屬金盤汛澳南泊北風船五十餘臺山遊哨所轄也故爲賊所時窺最稱衝要

分水嶺在廉江里十九都浙閩分界處也下有

白水江判隔兩省海外夷人雜居閩島者有七

種一曰盧亭白水郎則在此江之上盧循遺種

也詳見粤紀中其餘又有樂山莫徭遊及般子

山夷雲家之屬

丁亥復至會城

五月癸巳朔集諸公會議於公署五日而後定

壬寅促裝登舟行十里止虹山橋會同侍郎蘇學

士石主事殷御史張靖海將軍施將軍佟巡撫金都統胡於行帳拜疏曰臣等先在廣東恐誤福建農時已經咨行福建撫臣將沿海應給民耕種田地即與耕種令其復業後於四月初二日行至閩境復將

皇上愛民至意遍行曉諭仍會同該撫遍詣沿海地方萬姓歡呼咸稱向來雖經展界仍有海寇未得安寧今賴

朝廷德威海寇已除復沛
綸音給還原業小民自此世世得沾
皇上洪恩擁馬焚香沿途不絕查福州興化泉州漳
州等四府福寧一州所屬十九州縣原遷界外田
地共二萬五千九百四頃零自康熙二十年展界
至二十二年止已經墾復四千八百八十六頃零
尚餘未墾田地二萬一千一十八頃零并額外老
荒七百頃零共二萬一千七百一十八頃零并交

地方官有原主者令其復業無原主者招徠勸墾據州縣陸續呈報歸業丁口四萬八百有零承墾田地一萬七千一百三十二頃零其丁口花名及抛荒老荒數目并鹽田竈田屯田分晰數目聽該撫造册另報令其照例起科其沿邊所有漁課鹽課已經原任總督姚啓聖於康熙二十年題准開復現在徵收應無容議惟海禁仍行禁止至於沿海地方先因遷民立界遍造墩臺各設防兵或五

名或十名或二十名自廣東交界至浙江交界止有防兵八千八百一十一名今海寇已除遷界已復沿海田土已經給還應將不緊要處兵丁歸併緊要處臣等議得南澳一島係閩粵二省咽喉門戶應設水師重兵先在粵中原請至閩定議今查海澄廈門已有水師提標官兵分駐而復有專鎮廈門總兵官領官兵三千員名可以移調應將此兵移駐南澳聽兩省督提管轄於詔安營撥守分水

關梅嶺寨各把總一員兵五十名洋林村把總一員兵一百名於銅山營撥守懸鐘所遊擊一員兵五百名於雲霄營撥守梅洲把總一員兵一百名荷步把總一員兵五十名漳浦縣已有漳浦總兵領官兵三千員名復有城守參將領官兵一千員名應將城守營裁去止畱總兵營仍於其中撥守眉田寨連江各把總一員兵一百名東墩赤湖各把總一員兵五十名銅山已有水師總兵領官兵

三千員名復有水師遊擊領官兵一千員名查銅山逼近南澳南澳既宿重兵銅山之兵可以減省應將水師遊擊一營全裁其總兵所領官兵亦裁去三分之一兼裁總兵官止畱遊擊二員守備二員千總四員把總八員兵二千名另設副將一員以統之即於其中撥守八尺門杜潯各把總一員兵五十名古雷千總一員兵二百名六鰲所守備一員兵五百名海澄縣係緊急之處所設副將一

員領官兵二千員名應留於水師提標撥守石碼遊擊一員兵三百名海門千總一員兵一百五十名橋梁尾高崎劉五店各把總一員兵一百名金門係緊要之處所設總兵官領官兵三千員名應留其附近處水師浯嶼營圍頭營各設遊擊各領官兵一千員名查二汛逼近金廈金廈既有重兵二汛之兵相應裁去於金門營撥守圍頭將軍與等處遊擊一員守備一員千總二員把總四員兵

八百名鎮海衛千總一員兵三百名再於水師提標撥守浯嶼千總一員兵二百名於漳州營撥守江東橋把總一員兵五十名同安縣在金厦之內所有城守營副將一員領官兵二千員名可以減省應將官兵一半及本副將裁去止畱遊擊一員守備一員千總二員把總四員兵一千名即於其中撥守下店寨把總一員兵五十名於陸路提標撥守竿頭寨把總一員兵五十名洛陽橋把總一

員兵一百名於泉州城守營撥守安海橋把總一員兵五十名於晉江水師營撥守永寧崇武各把總一員兵二百名於惠安營撥守黃崎把總一員兵五十名興化府已有總兵官領官兵三千員名復有城守營遊擊領官兵一千員名應將城守營裁去止畱總兵營即於其中撥守楓亭寨把總一員兵一百名天馬寨江口寨各把總一員兵五十名再於平海營撥守湄洲守備一員兵三百名三

江口千總一員兵二百名於福清營撥守蒜嶺把總一員兵五十名海口寨千總一員兵一百名海壇係海島重地所有水師總兵官領官兵三千員名應留查本營向駐鎮東今應責移海壇於長樂營撥守壟下石龍臺各把總一員兵五十名於福州城守營撥守烏龍江把總一員兵一百名閩安鎮海口要衝省會東南門戶所有水師副將領官兵三千員名應留於連江營撥守東岱定海各把

總一員兵一百名拱頭寨把總一員兵五十名於閩安水營撥守小埕千總一員兵三百名下與北茭等處遊擊一員守備一員千總二員把總四員兵一千名於羅源營撥守松山飛鸞各把總一員兵五十名於福寧營撥守馬鞍山松山港口各把總一員兵三十名金垂東臺金垂西臺東墻鹽田下滸各把總一員兵五十名白石司大金各千總一員兵一百五十名於閩安水營撥守秦與遊擊

一員守備一員千總二員把總四員兵一千名於桐山營撥守牙城把總一員兵五十名沙埕分水關各千總一員兵一百五十名共撥兵丁九千五百一十名仍聽各營照舊管轄其應裁銅山總兵陳昌現在征進臺灣俟回日該將軍令其赴部候補改設銅山副將一員聽部照例推補其銅山遊擊一員守備一員千總四員把總四員兵一千名銅山城守營遊擊一員守備一員千總二員把總

四員兵一千名浯嶼營遊擊一員守備一員千總
二員把總四員兵一千名圍頭營遊擊一員千總
二員把總四員兵一千名漳浦營參將一員守備
一員千總二員把總四員兵一千名同安營遊擊
一員守備一員千總二員把總四員兵一千名興
化城守營遊擊一員守備一員千總二員把總四
員兵一千名共官兵七千名應裁但現於經制兵
丁內撥官兵一萬駐札臺灣彭湖不便遽裁俟該

將軍撥定之後將餘剩者具題裁去所裁官兵內有征進臺灣不必裁汰將陸營官兵裁去頂補可也

福建屯田明初設置旗軍領種與廣東畧同其後漸廢半爲民佔而虛額僅存國初領於縣官賠民則徵收初遷界外甚多展界後有福州府同知附徵福右衞屯田一千九頃零福州府通判附徵福中衞屯田七十八頃零與化府同知

附徵興化衛屯田一頃零泉州府同知附徵永寧衛屯田三頃零漳州府同知附徵鎮海衛屯田四十四畝共一百一頃零併入前拋荒額內其在各縣附徵者即纂入各縣拋荒數內不另列

閩中鹽場有七在福州者曰海口場曰牛田場在泉州者曰惠安場曰潯美場曰洒州場曰浯州場在興化者　上里場初遷多在界外今展

復

是日將軍施烺巡撫金鋐提督萬正色俱至行帳北向跪行請　安禮且致辭望闕叩頭別去

癸卯至閩清之溪口行五日

丁未過黯淡灘至延平府

己酉至建寧府溯流上瀨易舟以行是日過阿彌陀佛灘稱絕險凡行三日所過灘不可勝紀

壬子過六牙灘老虎口灘止大園

癸丑過老鼠灘太平灘止古廟灘

甲寅過將軍灘火燒灘止浦城縣

乙卯陸行五十里至漁梁又三十五里過五顯嶺又五里止廟灣是日過仙陽街眞西山先生故里也在縣北三十里五顯廟規制宏壯踞山之巔萬竹圍繞間以長松蒼翠襲人衣裾飛流瀑布震盪於下行者至此每盤桓不忍去

丙辰行十里過楓嶺爲浙閩接壤處又二十里至念八都又十里至上竿且又五里至羊𦍩嶺又十里至仙霞關關有上下兩重中作漢壽亭侯廟石磴峻絶眞天險也又十里至保安又五里至姚嶺又二十里止峽口

丁巳行五十里至清湖登舟自此沿江入浙矣

梨嶺在乾封鄉之安樂里通衢之江山民以樹梨爲業有水北流通廣信洪武間令張鵬舉置

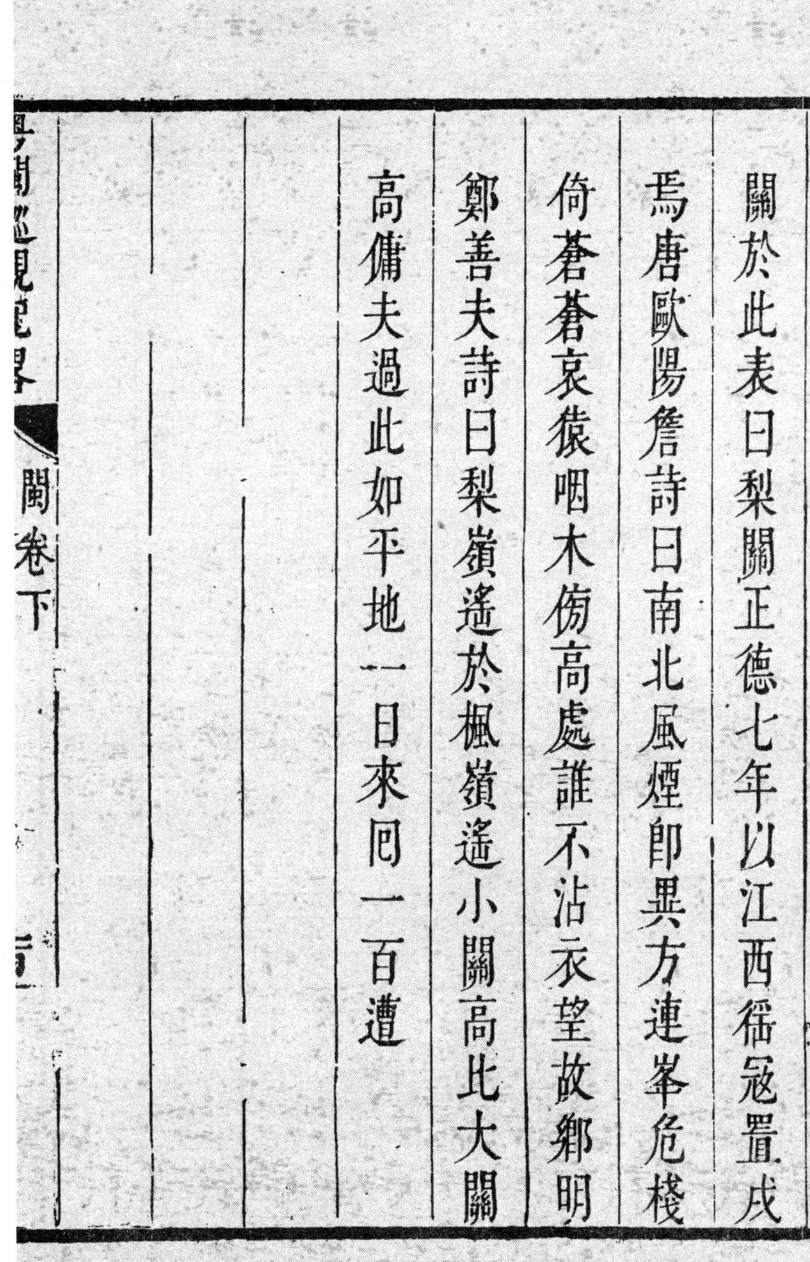
關於此表曰梨關正德七年以江西猺寇置戍焉唐歐陽詹詩曰南北風煙即異方連峯危棧倚蒼蒼哀猿咽木傍高處誰不沾衣望故鄉明鄭善夫詩曰梨嶺遙於楓嶺遙小關高比大關高傭夫過此如平地一日來回一百遭

粵閩巡視紀略　閩卷下　三

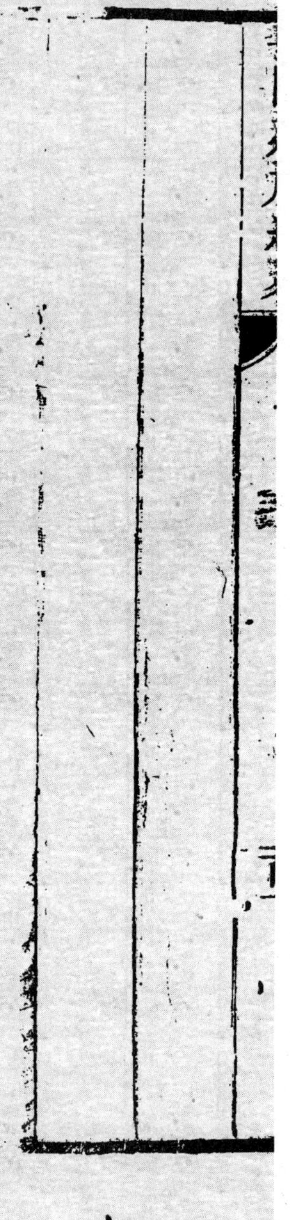

粵閩巡視紀畧　附紀彭湖臺灣

經筵講官工部尚書臣杜臻述

彭湖有三十六島縱横三百餘里此據新圖實錄云二百餘里閩海實錄云其地勢在泉州料羅漳州鎮海之界與舊嶼大擔相對自內地東渡順風一日二夜可至閩書附晉江縣云地近琉球昔人於此置兵防琉球今則防倭元島夷志云自泉州順風三晝夜可至有七澳曹能始志勝云自郡

東出海門舟行三日始至鄭若曾云風順尚有日半之程指揮唐垣京彭湖要覽云係琉球山川地界泉漳與福其去內地也埒於琉球諸書所載不同茲從閩志附之晉江之後云前代事不可考隋開皇中遣虎賁郎將陳稜帥師至其地虜男女數百人而還唐施肩吾有彭湖詩云腥臊海邊多鬼市島夷居處無鄉里黑皮年少學採珠手把生犀照鹹水蓋亦嘗有至焉者明

洪武五年以其民叛服不常大出兵驅其大族徙置漳泉間今蚶江諸處遺民猶存嘉靖之季賊首曾一本林鳳據爲巢穴萬曆元年總兵俞大猷逐倭寇嘗至其地二十年朝鮮告倭且入犯議者謂不宜坐棄彭湖於是設把總一員以十六舟戍之隸於南路參將及泉南遊擊令與浯銅二寨時相策應其汛地北北起北山南盡八闖澳（地圖作八罩）北山龍門港丁字門西嶼頭日最

衙娘宮前蒔上澳曰次衙春汛以清明前十日爲期駐三月而返冬汛以霜降前十日爲期駐兩月而返後以孤懸海表議罷啓禎以後鯨鯢荐食益不可問矣其氣候常溫多風少雨涉海者重絮而行旣至則易暑服其土燥剛不宜木與禾黍惟多雜茅泉味澀滷其民多泉人僑處苫茅以居朴野多諍土布爲衣耕漁畜牧以自給煮海爲鹽釀秫爲酒掇蠃蛤魚蝦以佐食爇

牛糞以爨燃魚膏爲油尤多畜羊羊特肥大孳生山谷間千萬爲羣其主各刻角以誌或烙毛務耳夜亦不收卒不相亂也黠者或行賈於外致饒裕其爭訟擇年長者爲主有事則就决之間有不能平則詣晉江縣陳白以聽斷焉其物產穀則胡麻菉豆藥則天門冬蒺藜山茨菇蟲獸則山猪蜈蚣花蛇及鼠山猪類常猪而色赤性獷健善跳躍捕之不易有毒食之輒發瘡癰

花蛇蜈蚣彌山皆是花蛇大者長丈餘小亦不下五六尺晝日伏藏地下夜乃潛至几案間揣之不嚙即偶見嚙亦不至大創也海石間出烏魚一名鰂魚本生江南每春日輒來就石廉打子蓋魚子須跳擲乃出也又產白芥菜高五六尺其子中入藥絕佳茉莉千瓣香尤酷烈又有藤蔓可爲燀洗兵船之用其民以地近琉球夜不舉火言夷船望見烟起必來抄掠居中六澳

曰娘娘宫可泊南北兵船五六十艘遊總處之其餘諸島重疊相包無大高山望之不過如覆釜水曰彭湖溝分流東西泉漳人行賈呂宋必徑其間自此以東爲順流其返也過彭湖而西復爲順流自娘娘宫而西至西嶼頭曰左哨稍南至蒔上澳曰右哨二哨去中營各水程四十里二哨自相去水程三十里西嶼頭有山稍高度可十六丈可泊兵船四十餘其險阨曰內塹

外塹稍北十里曰蝟仔澳可泊南北風船十餘
各有漁寮水源新圖又有大池角小池角叽稍硫磺員門司礦礁竹篙澳
北二十里曰丁字門其澳迫窄僅可容四五舟
有水源無漁寮爲寇夷樵汲所至新圖有大叽門小叽門
過此十里爲西北大洋稍東二十里曰鎮海港
員背嶼各有水源漁寮新圖有赤墈萬丈潭土地公金嶼姑婆嶼鐵砧
嶼但水淺礁多舟不易往第於北山築墩探瞭
而已西嶼頭內十里曰葉葉澳可泊十餘舟有

水源無漁寮又自西嶼頭分道至通梁仔瓦硐港大礌各水程二十里中墩三十里新圖菓葉甚遠中墩甚近小有不同中墩一稱上門各有漁寮水源亦以水淺礁多止可遠瞭凡此皆左哨汛遊所及也蒔上澳可泊北風船四五十新圖其旁有岑圭嶼西行水狗沙嶼毒嶼鐵線尾程五里有小嶼曰大城嶼小城相對可泊南風船十餘自蒔上東北行水程二十里曰文龍港即龍門港之誤新圖作良文港可泊北風船十餘有水源漁寮

新圖其旁麥波嶼芝眉嶼椗齒礁爲冦夷樵汲必至之地哨邏至此而廻稍南五里曰林投仔新圖其旁有鎖管港豬母落水有水源冬哨始有漁寮春夏無之也由此東北水程十里曰圭壁港又北五里爲青螺仔頭新圖其旁有洪林罩蚱鄉嶼鼎灣仔沙港雁精嶼蟳廣各有水源漁寮但礁多水淺常於太武山遠瞭及之不能時往僉蒔上而西五里曰楓櫃仔山新圖其旁有大帽山沉礁四角嶼龜龍嶼番墓

下有水源漁寮北行水程二十里曰安山仔

可泊南風船二十餘又北十里曰東港尾有水源無漁寮可泊南北風船二十餘新圖自此復近祖媽宮左哨汛遊所及畧盡於此西嶼頭之極西又有吉貝嶼孤隔多礁新圖其旁有布袋澳沙員日嶼沉礓北磽其東有屈爪飯籃蓋白沙澳北境盡處也與南面之八闗嶼遠隔一潮水雖有漁寮水源均非哨瞭所及也新圖與舊畧異娘娘宮作祖媽宮大城太武山與之連壤不云小嶼也自祖媽宮稍西盡西垵仔尾有新城蓋

寇所築以屯兵者其旁有後屈潭水而八關之
燒平牛心礁西衢
旁澳嶼甚多在北者曰鴛鴦窟捕魚坑水垵虎
井桶盤嶼三將軍石在西者曰大
花宅小花宅花嶼草嶼沉礁大貓嶼小貓嶼在
東者曰挽毛潭綱垵在南者曰頭巾嶼鐵砧礁
稍遠至西南有湖內社撻鈇成東北有尾糍田
質潭
將軍杜
後代仔極南有東嶼平西嶼平鐘嶼等更南有
東吉嶼西吉嶼斧頭爭等皆明世所不及知也
臺灣舊名東番不知所自始其人聚處無君長
不通中國亦未嘗屬於外番泉漳市舶私與往

來不聞於官司也萬曆三十年爲倭所據浯嶼營將沈有容出舟師擊之有連江人陳第者以薊鎮遊擊家居與偕往共破倭泊舟大員其酋長大彌勒等持鹿酒以獻因備詢其土俗及山海形勢述之成篇第倜儻能文起家諸生後乃去而習武爲總兵俞大猷尚書譚綸所賞識遂以武秩進著有意言謬言毛詩古音攷伏羲先天圖纘太史焦竑亟稱之自有第記而後釐考

屬國者始知有所謂東番云其畧曰東番在彭湖外洋中自烈嶼航海一晝夜至彭湖又一晝夜而至加老灣其地起魍港加老灣歷大員堯港打狗嶼小淡水又有雙溪口加哩林沙巴里大幇坑皆其居也斷續凡千餘里種類甚蕃別爲社社或千人或五六百推子女多者爲社長聽其約束性好勇喜鬬暇輒習走晝夜不止足蹋皮厚至數分履棘刺如平地捷及奔馬度終

日之力可蹴數百里或兩社有隙而相攻約日合戰戰已往來如初不復相讐每殺人斬其首剔肉存骨懸之門門懸髑髏多者稱壯士地暖冬夏裸體不知衣冠自謂簡便婦女結草裙畧蔽下體而已無揖讓拜跪禮無曆日文字覘月圓爲一月計月十圓爲一年久則忘之故率不紀歲少壯老耄問之不知也交易結繩以識無水田治畬種禾山花開則耕禾熟拔其穗穀粒

視內地稍長特甘香採苦草雜米釀之為酒間有佳者豪飲至一斗燕會則置大罌團坐各酌以竹筒不設肴核樂則起而跳舞口欲嗚嗚若歌曲男子翦髮留數寸披垂女子則否男子穿耳女子年十五六斷去唇兩傍二齒以為飾地多竹大數握長十餘丈伐竹搆屋蒙以茅廣長數丈每族共屋一區稍大曰公廨少壯未娶者曹居之議事必於公廨取名集之易也將娶視

女子可室者遣人遺以瑪瑙珠一雙女子不受則已受則夜造其家鼓口琴挑之口琴者製薄鐵如搔頭尾有兩岐齧而嘘之錚錚有聲女聞納宿未明徑去不見女父母自是每夜必來以爲常迨產子女婦始往壻家迎壻如親迎壻始見女父母因家焉養女父母終身其本父母不得子也故生女喜倍男謂其可以繼嗣云妻死更娶夫喪號爲鬼殘終莫之醮人死擊鼓環哭

置尸於地四面熾火煏而乾之不棺屋壞乃立
而埋之不封不祭將耕戒勿言亦不復相仇殺
道路以目田畔相遇少者背立長者徑行無所
問華人或故侮之不之較苟違戒則歲轂不登
故守之惟謹女子健作女常勞男常逸有盜取
人物者嚴劓之尸於市故夜戶不閉禾積塲無
敢竊者有牀無几案席地坐穀有大小豆胡麻
薏苡蔬有葱薑番薯蹲鴟果有椰蕉毛柹佛手

柑畜有猫狗豕雞獸有虎豹熊鹿鳥有鳩雉鴉雀山尤多鹿人善用鏢鏢長五尺鏃甚銛虎鹿遇之輒斃其捕鹿嘗以冬伺其羣出乃集衆逐而圍之掩羣盡取積如丘陵先屠取其皮角次腊其肉次腊其舌與腎與筋別藏之盛以箱而鬻之華人又能榨蔗爲糖二者其本業也得鹿子必擾馴之剌鹿腸出新飼草未化者必競食名百草膏俗食豕不食雞雉惟拔取其尾以飾

旗見華人烹𤑔雞雛輒嘔噦雖居島中不能操舟
畏見海但捕魚於溪澗故老死不與他夷往來
永樂初鄭和航海諭諸夷東番獨遠竄不聽約
於是家遺以一銅鈴使懸於頸葢狗畜之也至
今傳以爲寶始皆聚居濱海嘉靖末遭倭焚掠
乃避居山倭善鳥銃鏢不能禦也自通於中國
獨見其居山耳漳泉之民至者旣衆克龍烈嶼
諸澳往往能譯其語嘗以瑪瑙甆器布鹽銅簪

環之屬易其鹿脯筋角間遺以故衣輒喜見華人則衣之以相晉接退則襲而藏之得木亦藏之葢其人習裸不耐冠履束縛也性頗醇樸自通中國始有嗜好奸人又紿以濫惡之物彼亦漸悟知爲巧僞矣第之言如此明季阻於海寇不復相通不知何時爲紅夷所得海逆鄭成功之敗遁於京口也乘大霧襲殺紅夷守者而據其地築城以守僞號東寧國或言歲以十萬緡

歸紅夷而假其地以居爲日久矣卒莫知其然
否後鄭成功死於厦門其妻董氏復立子錦勢
益弱降者踵至爭言臺灣中曲折始知其地南
北長東西狹東面皆大山莫知其窮際水皆西
流長者或數百里海逆既定居規度便近地給
兵屯種而收賦於諸社以自給又多種桐樹及
枲麻爲治船之需或盛言封吵遼闊獠人錯居
多奇怪有三指人爪銳如鳥跳躑山林如猿玃

居於樹顛樹絕大其顛平廣可置屋其人亦能耕穫得穀輒徙置樹上又善弩人迫之輒注矢下向終莫能近也又有長髯矮人僅如十歲小兒而鬚皆過腹或又言其巢特險固水道紆廻惟一徑可入欲往者必自彭湖易舟而令諳習者爲導乃能至或又言地時時震又多颶風屋易壞多至三年必再搆矣言人人殊亦有圖形以獻者事涉詭詐不足信也迨海逆入居漳泉

再遁於廈門而錦又死獨稚子克塽在悉以兵事委其僞武平侯劉國軒而專總財賦則屬之僞忠誠伯馮錫范錫范者克塽妻父也於是督臣姚啓聖提臣施烺咸言臺灣可取狀上命會議有

旨允行康熙二十二年春烺自闕下至閩啓聖已調集各鎮之師飭軍資峙糗糧列艦以待官軍在行者皆有重犒師行以風不利而返再出復却

閏六月啓聖親餞烺於銅山從容言曰將軍師期已三易矣每行必竭蹷庀軍賞力已盡矣嗣後不能爲將軍再治行敬奉白簡以待命於下吏克敵與否在今日矣惟將軍圖之烺念時方盛暑多南風意躊躇未決乃業已力任而啓聖繩之又急遂慷慨行爲書决别妻子誓必死諸將士當行者皆作書抵家處分後事無一還心合提標及興化平陽銅山金門海壇廈門諸鎮

之師共數萬人舳艫數百禡牙舉帆自銅山南向而啓聖亦進屯厦門爲聲援粮舟既至大洋風日恬和海波偃息安行如内地遂以初十日至澎湖之外島當是時賊將劉國軒以二萬衆守澎湖昔日哨遊重地皆爲所據粮泊舟處非向來屯駐地也賊望見之皆大笑曰此不足煩吾兵潮至自碎耳蓋海道收泊有常處必澳曲乃可以避風潮否則潮乘風勢能舉舟拍沙上

卽至堅之舟不過三四掀播無不震裂矣烺亦習知海事心竊危之顧無可奈何稍擇便處相守十二日潮竟不至而天忽大霧咫尺不見人是爲六月二十二日也烺告諸將曰潮汐有常而十二日不至方夏多颶風而無風此天相我成功也非

天子洪福不及此然倖不可屢邀更需時日而潮至颶作必敗無疑矣今日請與諸君共破賊諸將

亦以爲然請舉砲熕曰不可火器彼之所長彼
聞砲聲即知我軍所在而尋聲以擊我我不能
敵也不若乘大霧未解而直趨其中堅彼不意
我至必驚亂我躍登其舟短兵相接庶可取勝
衆曰善於是分其舟爲二以興化總兵吳英爲
左冲鋒金門總兵陳龍銅山總兵陳昌繼之而
厦門總兵楊嘉瑞當其後平陽總兵朱天貴爲
右冲鋒提標前營遊擊何應元提標署中營叅

將羅士珍提標右營遊擊藍理提標署後營遊擊曾成繼之而海壇總兵林賢繼其後偃旗臥鼓魚貫以入餘舟八十艘留爲後應軍方行而潮至水驟湧四尺舟行通利無礙烺與諸將皆色喜度已附賊舟競擲長鏁巨鉤首尾鉤之我舟與賊舟相混糾結不可解朱天貴林賢吳英先登諸將士奮勇騰躍競上賊艦賊方菸眯不及辨而刃已及身大亂趣舉砲鉛甫脫口鎔而

未堅勢亦不猛着鐵皆如泥不能傷我軍我軍大呼殊死戰無不一當百因縱火焚其舟自巳至未賊大敗殺死焚死跳溺死者萬二千人獲賊舟甚多劉國軒以數舸逸去餘創殘八百人僉詣軍前降朱天貴冒矢石負重傷所當賊十二艘焚溺幾盡猶稱寧死不退追擊不已忽有飛砲中項立斃天貴本浙鎮以畱後策應請之乃自願爲前部卒戰死時論壯之賊守山者曰

僞將軍楊瑞見水軍已敗率僞官一百六十五員僞兵四千六百五十三名全軍降初烺將出師夢觀音授以水一桶覺而曰水者海也一桶者大一統也我今茲必破賊乎又軍士有宿於關壯繆廟者忽聞空中呼曰選大纛五十杆助施將軍破賊烺聞之益自喜至是果驗烺得降者皆厚撫之錄所獲水軍創殘八百人給以糜粥酒㦸遣醫爲裹傷傅藥名見之曰若等欲歸

乎皆叩頭言逆天宜死得不死足矣安望歸恨
曰不然汝一軍盡歿父母妻子必謂汝等已死
日夜悲泣今縱汝歸復見父母妻子寧不甚樂
朝廷至仁如天不得已而用兵降卽赦之耳汝今歸
爲我告臺灣人速來降尚可得不死少緩卽爲
彭湖之續矣諭訖而遣舟歸之八百人皆感泣
去既至則展轉相告歡聲動地諸僞將僞兵聞
之爭欲自拔來歸禁之不能止劉國軒自彭湖

敗還固已膽落至是見人情大率已解散始決計勸克塽歸附矣始烺告捷且言臺灣港道紆廻南風狂湧須俟八月以後乘北風而行且遣書咨之督臣啓聖啓聖以爲賊已大創宜乘勝急擊若少遲緩之令賊得係聚勝敗未可知也又廉知官軍破賊後藥彈火器率已罄盡甚至撞毀鐵鍋爲裝砲之用遂爲書報烺言當速進且送角弓五百張柳箭二萬枝火藥二萬觔火

礮一萬五千筒噴筒三千枝火箭八百箱黑鉛四千觔大小鐵子一千枚出窩蜂子一千觔緞紬袍褂乾練袍掛各數千領韈帽若干件賞功銀一萬兩烺得書大喜悉以諸賚具散之軍中軍中人人鼓勵計日渡海滅殘寇取重賞賊聞之洶懼閏六月初八日僞藩鄭克塽遣僞官鄭平英林惟榮曾蜚朱紹熙齎降表至軍前請舉國內附爲東方屏翰烺告之曰仍居故土不敢

擯許審欲降者當如幕府約因要以三事一必須劉國軒馮錫范親身來二必須納土獻版籍三必須僞官兵遵制剃髮舉家內徙聽朝廷安插使人銜命去七月十五日克塽復遣僞兵官馮錫珪僞工官陳慶煒劉國軒親弟僞副使劉國昌馮錫范親弟僞副使馮錫韓同前使曾蜚朱紹熙來復奉書至軍前請悉如約且言南北淡水駐防僞左武將軍何祐僞左先鋒李茂等

僉已撤回地方僉已效順但請頒給告示曉諭
剃髮而何祐等降欵亦至十六日提督烺畱劉
國軒馮錫韓於軍前而令侍衛吳啓爵六品筆
帖式常住齎告示五通與錫珪等偕往曉諭臺
灣軍民見
天使渡海合境驩呼投戈剃髮向化恐後居亾何克
塽降表至奏繳僞延平王印一顆冊一副僞武
平侯印一顆僞忠誠伯印一顆盡籍其境土數

千里戶口數百萬爲圖以獻但以宗族類多齮
穉南人不諳北土請就近安插烺爲代奏廷議
許之於是克塽及僞將士等盡納其器仗於軍
前舉族內徙提督烺身自渡海行定新附地而
絕域盡入版圖矣是役也
天子念渡海遠戰將士勤苦賞卹皆從優厚提督烺
授靖海將軍世襲罔替死事鎭臣朱天貴特贈
太子少保授一子爲廕生餘將士陞賞有差以

劉國軒率先歸順授爲天津提督克塽至赦其罪優以公秩居京師而臺灣置郡縣如內地焉按圖東境果皆連山而臺灣城則西面海中一孤嶼也稍近南城之西皆大海而沙線重複舟不可近城之南一沙埂屬於內土曰萬丹湖湖之旁有港東入曰蟯港即陳第所謂堯港也埂上置七崑身崑身者山阜之名列兵守之如內地斥堠也城之東乃大海澳沙埂遶之城之北

有水徑曰馬沙溝紆廻以入於澳其近澳之口曰鹿耳門築城守之澳縱廣可數十里兵船宿其中由此乃可以至城之東而登岸焉馬沙溝外又有沙綫數重亘南北崑身以守寇所倚爲奇險者在此也自馬沙溝西南有孤嶼曰海翁澠爲走彭湖道澳之西岸有城曰赤墈蓋亦寇所築城之南有十二街有文廟旁有港不知名城之北有花園旁亦有港疑即陳第所謂大員

港也城之東有天興萬年二州有內菜園有嘉祚長治維新三里有二層營蓋皆寇所規度爲營田處也又東有上港岡中港岡下港岡郎林大岡山小岡山大香洋小香洋中洲仔鄭仔潭柳仔林沉坑仔自是極東曰啞猴林即大山窮處自赤墈城南行一百四十里至赤山仔稍西爲鳳山港又西近海爲打狗山即陳第所謂打狗嶼也寇置砲城在焉其旁有半平山凹底山觀音山大宅基自赤山仔又南八十里至上淡水又二十里至下

淡水此所謂南淡水寇置戍處也陳第謂之小淡水自下淡水十五里至力力社又十五里至茄藤社又六十里至放索社又八十里至茄落堂又一百二十里至浪嶠社自赤墈城至此共五百三十里南路盡處矣近海處曰小琉球在沙尾岐頭其西南而淡水之東有傀儡番在大山中亦號令所不至也自赤墈城北行歷大橋小橋二港皆經花園鳥鬼橋其港爲下寮港一百二十里至新港社新港

西行出海口有目茄洛灣卽陳第所謂加老灣也港北有名龍社黎頭標社有大目降大武龍大岡山爲東山盡處其北又有歐王溪歐王社在其旁又有大小茄冬林自新港社西南五十里至麻豆社水西出曰莽港卽陳第所謂魍港也其旁有茄哩與雙溪口皆第記所有自此以北第不及知矣又有大龜內鐵線橋急水溪赤山白麻豆社東行九十里至朱羅山其旁有啞里山劍洛嘓茄拔仔大排竹水西出曰蚊港其旁有三疊溪牛朝溪八掌溪上茄東下茄東龜佛山土

獅仔南世　自朱羅山北行一百里至他里務　其
竹茄藤林　　　　　　　　　　　　旁
有猴悶社石龜溪打猫社　又北一百二十里至
東山盡處爲柴里斗六
　　　　　　　　　其旁有東螺社西螺
大武郡水西出曰磚仔坑社南社二林三林臺
仔坑冷　自大武郡又北六十里至半線社水西
飯坑
　　　　　　　　　其旁有捉捒社
出曰大肚溪其海口曰鹿仔溪
　　　　　　　　大肚社啞捉社
馬之遴　自半線社又北一百一十里至水里社
大突社
其旁有福羅社東有大山曰黑沙晃裡買猪末
牛罵社沙轆社
裡皆盡境也自朱羅山至水里社皆地之東境

至此乃折而西行三百里至大甲社又西一百四十里至房裡社又西一百三十里至吞霄社其水之西出者曰大甲溪其旁有雙寮社崩山社宛里社茅干社自吞霄社折而西北一百三十里至後壠社又二十里至新港仔水之西出者曰後壠港旁有茄世閣合歡社自新港仔北行四十里至中港社中港出焉又北一百里至竹塹社竹塹港出焉又北二十里至眩眩社又北二百里至南嵌社南嵌港

出焉其旁有霄里社查內社龜崙社坑仔社折而東八十里至八分里社旁有奶奶社又東過江十五里至淡水城此所謂北淡水也冦亦置戍爲北面重鎮江源有二皆出於東境大山峻灘斗瀉一經首冕社一經房是仔社皆西流至外八投社而合合處有峭壁夾峙於江之東西曰干豆門江自此折而北入於海在江南者曰擺接社尾裂社龜崙社里末社在兩江中者曰著匣社奇武子社巴浪泉社在江北者曰麻里則孝曰荅荅攸曰奇兩峯曰里簇社麻少翁社自淡

水城東行三十里至奇獨龜崙社又東六十里至龜州社有龜州山橫山又東六十里至大屯社又東四十里至小雞籠自中港社至此皆濱海西北境小雞籠外大海中有二石對峙曰旗杆石寇熾時策取臺灣者嘗欲自雞籠趣淡水掩賊不備爲奇功卽此地也其地有支壟斗入海必踰此乃可前土人謂之跳石凡一百五十里至金包里外社又東十里至金包里內社又

有支蘢視前更大跳越較難曰跳大石凡行二百里至雞籠頭過江二十里至雞籠城自此以上無路可行亦無埃澳可泊候夏月無風用小舢循海墘而行一日至山朝社又三日至蛤仔難社又三日至哆囉滿又三日至直脚宣直脚宣以上人跡不到矣自赤墈城至雞籠城二千三百十五里朝議卒按圖設府一縣三曰臺灣府曰臺灣縣曰鳳山縣力力社眩眩社皆有鳳山曰朱羅縣

即宋又設巡視廈門駐札臺灣副使一鎮守臺
羅社

灣總兵一率八千人守其地